媒体数字化与有效传播研究

刘建敏◎著

吉林人民出版社

图书在版编目（CIP）数据

媒体数字化与有效传播研究 / 刘建敏著 . — 长春：吉林人民出版社 , 2023.9
ISBN 978-7-206-20620-7

Ⅰ . ①媒… Ⅱ . ①刘… Ⅲ . ①多媒体技术－应用－文化传播－研究 Ⅳ . ① G0-39

中国国家版本馆 CIP 数据核字 (2023) 第 182709 号

媒体数字化与有效传播研究

MEITI SHUZIHUA YU YOUXIAO CHUANBO YANJIU

著　　者：刘建敏
责任编辑：崔　晓　　　　　　封面设计：李宁宁
吉林人民出版社出版　发行（长春市人民大街 7548 号 邮政编码：130022）
咨询电话：0431-85378007
印　刷：长春市昌信电脑图文制作有限公司
开　本：710mm×1000mm　　　1/32
印　张：4.5　　　　　　　　字　数 150 千字
标准书号：ISBN 978-7-206-20620-7
版　次：2024 年 3 月第 1 版　　印　次：2024 年 3 月第 1 次印刷
定　价：58.00 元
如发现印装质量问题，影响阅读，请与出版社联系调换。

前　言

　　网络和数字技术的迅猛发展正在深刻地改变着我们的生活方式和社会结构，而媒体作为信息传播的重要渠道，在数字化时代扮演着更为关键的角色。我们身处在一个信息高速交流的时代，互联网早已成为人们获取信息、交流思想和参与社会的重要平台。在这个数字化的时代，网络信息素养已经成为现代人必备的素质之一，它不仅影响着我们的生活，也深刻地影响着社会的发展和进步。

　　正因如此，认识和理解媒体数字化与有效传播的重要性变得尤为迫切。媒体数字化不仅改变了信息的传播方式，也塑造了新的传播生态和价值观念。有效传播则是在这个数字化时代中获取并传递信息的关键要素，它涉及信息的准确性、可信度、可获取性以及对受众的影响力。因此，深入研究媒体数字化与有效传播的相关问题，对我们更好地理解和应对这个数字化时代的挑战至关重要。

　　本书旨在深入研究媒体数字化时代的传播现象和趋势，并探讨如何在数字化环境中实现信息的有效传播。通过对媒体数字化发展趋势、企业品牌形象设计传播、虚拟仿真技术、非遗项目传播、影视艺术传播、文创产品设计传播、行业报刊广泛传播和社区教育资源共享等多个领域的研究，本书将为读者提供丰富的理论框架、实践经验和案例分析，以帮助读者更好地应对媒体数字化时代的传播挑战。

本书较全面地涵盖了媒体数字化与有效传播领域的关键问题。在第一章中，我们将对媒体数字化与有效传播的理论背景和基本概念进行概述，为读者打下坚实的理论基础。通过这一章的学习，读者将能深入地了解媒体数字化对传播的影响和挑战，并为后续章节的阅读做好准备。

在随后的章节中，将涉及媒体数字化时代下企业品牌形象的设计传播、虚拟仿真技术的传播透视、非遗项目的有效传播、影视艺术的发展传播、文创产品的设计传播、行业报刊的广泛传播以及社区教育的资源共享等多个重要领域。每一章都将深入研究相关问题，并提供具体的案例分析和实用的传播策略，帮助读者更好地应对数字化时代的传播挑战。

媒体数字化时代为我们带来了前所未有的机遇和挑战。通过深入研究和理解媒体数字化与有效传播的关键问题，我们可以更好地应对信息过载、谣言传播和虚假信息等挑战。同时，充分利用数字化媒体的优势，提升传播效果和影响力，增强主流价值观念的传播力与渗透力。

目 录

第一章　媒体数字化与有效传播相关问题理论概述 ……… 1

　　第一节　媒体数字化发展趋势 ……………………… 1
　　第二节　数字化时代的媒体传播 …………………… 12

第二章　媒体数字化时代企业品牌形象的设计传播 ……… 19

　　第一节　媒体数字化对品牌形象设计传播的影响 … 19
　　第二节　媒体数字化企业品牌形象设计的转型 …… 25

第三章　媒体数字化时代虚拟仿真技术的传播透视 ……… 29

　　第一节　媒体数字化时代虚拟仿真技术的传播应用现状 …………………………………………… 29
　　第二节　媒体数字化时代虚拟仿真技术的有效传播策略 …………………………………………… 33

第四章　媒体数字化时代非遗项目的有效传播 … 37

第一节　非遗传承运用新媒体数字化技术的可行性 … 37
第二节　媒体数字化时代非遗项目的有效传播方式 … 46

第五章　媒体数字化时代影视艺术的发展传播 … 58

第一节　媒体数字化时代影视艺术创作的数字化 … 58
第二节　媒体数字化时代影视艺术传播的数字化 … 68

第六章　媒体数字化时代文创产品的设计传播 … 77

第一节　媒体数字化时代文创产品的发展变革 …… 77
第二节　媒体数字化时代文创产品的体验式发展 … 88

第七章　媒体数字化时代报刊行业的广泛传播 … 99

第一节　媒体数字化时代报刊行业的发展现状 …… 99
第二节　媒体数字化时代报刊行业的新模式构建 … 105

第八章　媒体数字化时代社区教育的资源共享 … 116

第一节　媒体数字化时代社区教育资源共享的现状 …………… 116
第二节　媒体数字化时代社区教育资源共享的策略 …………… 124

参考文献 …………………………………………… 134

第一章　媒体数字化与有效传播相关问题理论概述

第一节　媒体数字化发展趋势

随着互联网的飞速发展，媒体数字化已经成为媒体行业的一个必然趋势。媒体数字化的发展是伴随着互联网时代而来的，这种发展的出现既是媒体行业自身的需求，也是时代的需要。在互联网时代，信息化程度日益提高，媒体也面临着诸多新的挑战。如何高效地适应这些变化，并顺应发展浪潮而行，成为每个媒体人都必须关注的问题。需要注意的是，数字化发展是媒体行业应对时代发展多重变化的一种方式。媒体数字化将传统媒体的单向传播转变为多向互动，同时，也为媒体行业的多元发展带来了更多选择。

如今，随着民众生活水平的提升以及信息技术的普及应用，媒体数字化发展的必要性也在逐渐凸显。首先，媒体数字化使得信息获取更加便捷和高效。通过数字化，人们可以随时随地获取到自己需要的信息，为人们的学习和生活提供了便利。其次，媒体数字化推动了媒体行业的转型升级，为媒体行业的发展提供了新的机遇。最后，媒体数字化为媒体行业带来了更多的商业机会。

随着媒体数字化的普及，广告和营销也转向了数字化领域，为媒体行业的商业模式提供了更多选择和可能性。可以看出，媒体数字化发展是媒体行业的必然趋势。数字化媒体的出现带来了更多选择和机会,为媒体行业的转型升级提供了新的契机。同时,媒体数字化的发展也为人们的学习和生活提供了更多便利。未来,随着互联网的不断发展,媒体数字化将会不断创新和完善,为媒体行业和社会带来更多的价值和贡献[①]。

一、融合背景下媒体数字化的发展趋势

(一)媒体数字化的发展特点

随着数字技术的不断进步和普及,当代媒体的数字化发展已经成为一种趋势。媒体数字化具有多样的特点,包括作品样态多样化、作品传播形式多样、作品产量高、作品支持直播、作品制作手段多样、制作简单以及作品可较快彰显市场价值等。

1. 样态多样化

媒体数字化可以以文字、图片、音频、视频等多种形式呈现作品,这种多样化的形式能够满足不同人群对于媒体内容的需求,同时,也具有更强的传播力和影响力。比如现在的新闻报道不仅限于纸质版面上的文字报道,还可以采用视频、直播、社交媒体等多种形式,以满足不同读者的需求。

2. 具有多样的传播形式

媒体数字化的传播渠道包括电视、互联网和移动设备等多个媒介平台。这些平台不仅能提供更广泛的传播渠道,促进信息传递与交流,还能更好地满足用户的个性化需求,实现媒体作品的精准投放和传播。

3. 产量高

媒体数字化的制作成本相对较低,制作周期短,可以更快地

---

① 朱步周. 传媒数字化下的媒体融合及全媒体传播[J]. 中国地市报人, 2021(11):99—100.

第一章 媒体数字化与有效传播相关问题理论概述

推出更多的作品,以满足读者的需求。比如在新闻报道领域,媒体数字化的快速生产和发布,可以更好地满足人们对时事新闻的需求。

3. 支持直播

直播是媒体数字化的一种重要形式,可以实现信息的实时发布和传播,同时,也可以实现与读者的互动和交流。直播形式具有更加生动、真实的表现形式,可以让读者更好地了解事件的发展过程,提升媒体作品的传播力和影响力。

4. 制作手段多样且制作简单

媒体数字化的制作可以通过多种工具和软件来实现,制作的难度和门槛相对较低,可以让更多人参与到媒体作品的制作中,这样不仅可以提高作品的多样性和创新性,也可以促进媒体作品的更新和发展。

5. 能够较快彰显市场价值

媒体数字化作品可以在较短时间内被推出和传播,这样可以更快地得到市场的反馈和认可,同时,也能够获得更多的商业机会和价值。这种快速的市场反馈机制,可以更好地促进媒体数字化作品的创新和发展,也能更好地满足读者和市场的需求。

随着数字技术的不断进步和普及,媒体数字化已经成为当代媒体发展的趋势。媒体数字化的特点是作品样态多样化、作品传播形式多样、作品产量高、作品支持直播、作品制作手段多样、制作简单、作品可较快彰显市场价值等。这些特点为数字媒体的内容创作者提供了更多的创作方式和机会,同时,也为数字媒体的使用者提供了更加丰富的内容体验。

(二)媒体数字化发展的趋势

随着互联网技术的不断发展和普及,数字化已成为媒体发展的重要趋势。媒体数字化的兴起使传统媒体的传播方式、内容形式、商业模式等都发生了深刻的变化。媒体数字化的发展具有以下特点。第一，数字化技术应用不断深化。数字化技术应用的不断深化，给媒体传播带来了前所未有的便利，媒体可以通过数字化技术实现内容的即时传播、个性化推荐、跨平台传播等，大大提高了传播效率。第二，媒体融合发展趋势明显。传统媒体和数字媒体之间的界限越来越模糊。传统媒体通过数字化技术实现了内容的多元化和跨平台传播，数字媒体也在向传统媒体靠拢，以拓展用户群体和提高内容质量。第三，社交媒体兴起。社交媒体的兴起改变了人们获取信息和传播信息的方式。它提供了便捷的交流平台，使用户可以轻松分享内容、与他人互动。社交媒体平台传播的信息具有较高的传播速度和影响力。社交媒体通过用户自发的信息分享，形成了庞大的信息社区，成为人们获取信息和表达观点的重要平台[1]。

在数字化媒体发展方面，国内媒体已经取得了一定的进展。随着互联网技术的不断发展和普及，国内媒体的数字化水平在逐年提升。目前，国内媒体数字化的发展势头强劲，各大传统媒体纷纷进军数字媒体领域，数字媒体也在不断创新，推出更加丰富、多样化的内容形式，进一步地提升了用户体验。另外，社交媒体成为重要的信息传播平台。

审视当前国内社交媒体应用情况，不难发现，用户基数较大的微信、微博、抖音等社交媒体平台已成为人们获取信息和表达观点的重要渠道。随着移动互联网的普及，移动端已成为国内数字媒体的主要入口。各大媒体纷纷推出移动客户端，以更好地满足用户的需求。国际媒体数字化发展情况是各大传统媒体纷纷进军数字媒体领域，数字媒体在不断创新，推出更符合当代人阅览需求的内容和信息呈现形式。

---

[1] 谢鹤君. 数字化和融媒体背景下广播电视技术的发展趋势[J]. 中国传媒科技，2021(04):60—61.

可见，追求创新同样是国际媒体的重要发展方向。此外，在国际媒体数字化的发展中，网络社交媒体的应用越来越广泛。Facebook、Twitter、Instagram等社交媒体平台已成为人们获取信息和表达观点的重要渠道，并逐渐形成了新媒体平台的代表。媒体数字化的发展趋势是多元化、融合化、个性化和移动化。未来，数字化技术的应用将越来越深入，数字媒体和传统媒体之间的融合将越来越紧密，社交媒体将继续成为重要的信息传播平台，移动端将成为数字媒体的主要入口。媒体数字化的发展必将带来更加便捷、高效和优质的信息传播服务，为人们的生活和工作提供更好的支持[①]。

二、媒体数字化发展趋势的具体分析

（一）国内传统媒体数字化发展趋势——以广播电视技术为例

1. 迎合新媒体时代的合理转型

新媒体的快速发展导致我国广播电视媒体的传播模式和经营模式面临着巨大的变革和挑战。为了适应这种变革和挑战，国内广播电视媒体必须进行合理的转型，使自己更好地融入新媒体时代。

广播电视作为传统媒体，一直是广大观众了解世界的重要途径。然而，随着新媒体的兴起，广播电视的传播模式和经营模式也面临着变革，这一从传统媒体向融媒体的转型，是一个历程。在传统媒体时代，广播电视媒体的传播模式主要是单向的，观众是被动接收信息的。由于技术条件的限制，媒体间的竞争也比较有限。但随着新媒体的兴起，信息传播的门槛越来越低，媒体间的竞争也越来越激烈。广播电视媒体需要不断创新，才能在竞争

---

① 李华.基于媒体融合的数字化媒介呈现样态趋势研究[J].苏州市职业大学学报，2019,30（2）:42—44.

中生存。在融媒体时代，广播电视媒体的传播模式变得多样化、互动化，观众不再是被动地接收信息，而是可以自由选择自己感兴趣的内容，并且可以与媒体进行互动。因此，广播电视媒体需要通过多种途径和平台，为观众提供更加丰富、多样化的内容，以满足观众多元化的需求。

广播电视媒体在融媒体时代面临的转型需求远不止技术和业务转型。它需要从单纯的衔接式转型转变为融合新媒体的合作式发展，只有这样，才能更好地适应新媒体时代的发展趋势。

从整体发展观之，我国的广播电视媒体已实现了数字化、网络化、智能化、全媒体化的多种转型。比如利用互联网、移动互联网等新媒体技术，推出更加多样化的内容产品，为观众提供更加便捷、高质量的服务。同时，电视台方依然不断地创新技术手段，期望自身播出内容的传播更加高效、有趣。广播电视媒体尝试改变传统的经营模式，比如通过广告营销、内容付费等方式，实现多元化的收入来源。

同时，广播电视媒体还在传播内容上进行文化转型，以适应观众的多元化需求。比如注重文化创意产品的研发，推出更加优质、具有深度的文化节目。并且还关注传统文化的传承和创新，为观众提供更加丰富、多元化的文化产品。为适应新媒体时代的要求，广播电视媒体在管理方面也进行了转型。比如加强信息化建设，实现信息共享，提高工作效率。同时，电视台还进行了管理机制的创新，以求激发员工的创新意识和创新能力，保障传统媒体发展始终存有源源不断的动力[1]。

时代发展的变化不断影响着国人对媒体的应用需求，因此不难发现，国内广播电视媒体的转型需求是多方面的。迄今为止，在技术、业务、文化、管理等多方面实施的转型只是媒体数字化发

---

[1] 张竞文. 数字化时代的新媒体传播对大众阅读心理与阅读方式的影响[J]. 教育现代化,2019,6(22):229—230.

展长河中的冰山一角。只有通过融合发展，才能更好地适应新媒体时代的发展趋势，实现广播电视媒体在未来各个阶段的有效发展。

2. 依照需求不断创新传播内容

媒体数字化时代的到来，使观众对广播电视媒体的需求和阅读习惯发生了巨大变化。广播电视媒体必须不断创新，以适应这一变化，并更好地满足观众需求。只有这样，广播电视媒体才能在数字化时代中保持强大的生命力和竞争力。随着媒体数字化时代的到来，人们对传媒内容的需求和阅读习惯也在不断变化。在这个时代，广播电视媒体必须不断创新，以适应这一变化，并更好地满足观众的不同需求。

媒体数字化时代的观众更加注重内容的个性化和多样性。在过去，广播电视媒体所播出的内容往往是固定的，缺乏个性化和多样性，无法满足观众需求。然而，现在人们可以通过网络、手机等数字化媒介获取更加丰富、多样化的信息，这促使广播电视媒体的传播内容要更加多样化和个性化。

数字化时代的观众更加注重互动和参与。以往观众只能被动地接受广播电视媒体播出的内容，而现在，观众可以通过互联网进行互动和参与，比如在社交媒体上发表评论或参与互动游戏。因此，广播电视媒体需要更加注重互动和参与，通过互联网等数字化媒介搭建观众和媒体之间的桥梁，促进观众的积极参与和互动。

数字化时代的观众更加注重移动和便捷。在过去，人们需要通过电视机等固定设备观看广播电视节目。现在，随着移动设备的普及，观众可以随时随地通过手机、平板电脑等移动设备观看广播电视节目。因此，广播电视媒体需要更加注重移动和便捷，通过移动应用程序等数字化媒介，为观众提供更加便捷的观看方式和服务。

为了满足数字化时代观众的需求，广播电视媒体需要不断地进行创新和探索。首先，广播电视媒体需要加强节目的个性化和多样化，通过挖掘观众需求，创造出更加丰富、多样化的内容，以吸引更多的观众。其次，广播电视媒体需要注重互动性和参与性，通过数字化媒介提供更加便捷的互动平台，促进观众与媒体之间的互动。最后，广播电视媒体需要注重移动性和便捷性，通过移动应用程序等数字化媒介，提供更加便捷的观看方式和服务，满足观众的移动需求。

3. 着眼未来培养综合发展人才

随着数字化时代的到来，广播电视媒体也在不断转型升级，数字化发展成为趋势。在这样的背景下，如何培养综合实力过硬的媒体人才，成为当前广播电视媒体发展的重要问题。

对高校传媒专业人才的培养需要更加注重实践。传统的课堂教学已无法满足学生对实际操作的需求，高校应加强实践教学的投入，比如开设实训课程、提供实习机会等。只有实践与理论相结合，学生才能真正地掌握媒体行业的专业技能，培养具有创新、实践和团队协作能力的媒体人才。及时针对融媒体时代对媒体人才需求进行培训也是培养综合实力过硬媒体人才的重要举措。随着融媒体时代的到来，媒体人才需要具备全媒体的思维和技能，能熟练运用文字、图片、音频、视频等不同形式的媒体进行传播。因此，媒体机构可以通过讲座、培训班等方式，为媒体人才提供全面、系统的融媒体培训，以满足媒体行业对综合实力过硬的媒体人才的需求。

媒体机构也应注重人才梯队建设，除了招聘有经验的媒体人才外，媒体机构应注重对年轻人才的培养。比如开设青年人才计划，为年轻人才提供晋升机会、培训机会等，以吸引和留住优秀的年轻媒体人才[1]。

总之，关注未来、培养综合实力过硬的媒体人才是广播电视

---

[1] 陈雪晔. 数字化趋势下澳大利亚传媒的新媒体运营探索[J]. 传媒, 2018(02):51—53.

媒体数字化发展的重要任务。高校传媒专业人才培养需要更加注重实践，及时针对融媒体时代对媒体人才的需求进行迎合式培训探索；媒体机构也应该注重人才的梯队建设，以满足媒体行业对于综合实力过硬的媒体人才的需求。只有这样，才能推动广播电视媒体数字化发展，提升广播电视媒体的竞争力。

（二）数字化趋势下的海外新媒体运营探索——以澳大利亚为例

1. 追求媒体差异化竞争

澳大利亚数字化发展的趋势是不可忽视的，尤其是在新媒体运营方面。在这个竞争日益激烈的市场中，追求媒体差异化竞争成为新媒体运营的一个重要策略[1]。

目前，澳大利亚的新媒体市场已经成为一个高度竞争的市场。与传统媒体相比，其新媒体以其实时性、互动性、多元化和个性化等特点吸引了越来越多的受众。在这种情况下，传统的新闻报道已经不能满足受众的需求，新媒体需要通过创新性的内容和互动方式来吸引受众。同时，新媒体运营也需要具备与时俱进的能力，以及时应对市场的变化和受众的需求。

澳大利亚新媒体市场的发展面临着许多挑战，比如传统媒体巨头的强势垄断以及新媒体公司之间的激烈竞争等。在这种情况下，追求媒体差异化竞争成为新媒体运营的重要策略。通过创新性的内容和互动方式，新媒体可以打破传统媒体巨头的垄断，吸引更多的受众。同时，新媒体公司之间的竞争也可以通过差异化竞争来实现，从而增加市场份额。

澳大利亚新媒体市场的发展也需要与社会的发展相适应。比如随着人口老龄化和移民数量的增加，新媒体也需要在内容和互

---

[1] 黄浩伶. 数字化背景下企业品牌形象提升策略研究 [J]. 营销界, 2021(22):14—15.

动方式上进行相应的调整。同时，新媒体也需要加强自我管理，特别是在保护用户隐私和信息安全方面。

2. 培养稳固的媒体应用群体

在澳大利亚，新媒体运营已成为各行各业竞相探索的领域。在这个数字化时代，新媒体运营已经成为企业和组织与公众沟通的重要方式，如何培养稳固的新媒体应用群体，已成为新媒体运营领域的一个重要问题。

在培养稳固的新媒体应用群体过程中，相关行业人员应保持积极的进取态度，始终以掌握新媒体的最新技术和确保技术应用的落地为重点。在澳大利亚，新媒体运营已经成为许多企业和组织所必备的技能，通过掌握新媒体的技术和应用，可以更好地实现企业和组织与公众的沟通。为此，澳大利亚政府和企业都在积极地推动新媒体技术的培训和普及。比如澳大利亚政府提供了各种培训计划，以帮助企业和组织掌握新媒体技术和应用。此外，许多企业也会对员工进行新媒体技术的培训和推广。

在培养稳固的新媒体应用群体时，相关行业人员相对注重传播内容质量以及媒体传播期间的沟通效果。在新媒体运营中，内容的质量至关重要，优质的内容能够吸引公众的关注，增强企业和组织的影响力。因此，培养稳固的新媒体应用群体需要注重内容的质量和沟通效果，特别是针对不同的受众群体，需要采取不同的内容策略。在澳大利亚，一些企业和组织已经意识到了这一点，并采取了相应的措施。比如一些企业会定期举办与公众互动的活动，收集公众的反馈和意见，以更好地优化内容，提高沟通效果。

在培养稳固的新媒体应用群体时，相关行业人员也在提升自身的实力，重点培养创新能力和适应能力，并努力保持对网络和社会新鲜事物的敏锐感知。在这个数字化时代，新媒体技术和应用不断变化和更新。因此，培养稳固的新媒体应用群体需要具备创新能力和适应能力,如能够及时调整策略应对新的挑战和机遇。在澳大利亚,许多企业和组织已经开始注重对员工的创新和适应能力进行培养。比如一些企业会定期召开创新会议,鼓励员工提出创新想法和策略,以应对新的挑战和机遇。

需要注意的是,培养稳固的新媒体应用群体是澳大利亚数字化发展趋势下新媒体运营的重点。为了做好这项工作,相关人员在掌握新媒体技术和应用的同时,更加注重内容质量和沟通效果,以及自身具备的创新能力和适应能力。

3. 挖掘媒体传播力提升潜力

数字化发展趋势已成为全球范围内的热点话题。在数字化时代,新媒体的崛起和传播已成为任何企业都不可避免的问题。新媒体的传播已成为企业宣传推广的重要途径,同时,也是企业与客户互动的主要方式。在这样的背景下,如何挖掘新媒体传播的潜力已成为澳大利亚企业发展的重要问题。

澳大利亚的新媒体运营呈多样化。澳大利亚新媒体市场竞争激烈,不同行业和公司在新媒体运营方面的策略各不相同。比如在社交媒体领域,澳大利亚企业已积极利用各种社交媒体平台与消费者互动,旨在提高品牌知名度和客户忠诚度。其中,Facebook、Instagram 和 Twitter 是最受欢迎的平台之一,但也有新兴平台如 TikTok 崛起。

澳大利亚新媒体运营的挑战在于如何挖掘新媒体传播的潜力。首先,企业需要找到适合自己的新媒体平台[①],比如时尚美妆品牌更倾向于选择 Instagram 等平台。其次,企业需制定合适的内容策略。内容是影响用户参与度和忠诚度的关键因素之一。企业需要制定有针对性的内容策略,以吸引消费者的注意力,增加用户参与度。最后,企业需不断进行数据分析,根据数据分析,不断地

---

① 王松红,孙锋申. 虚拟仿真技术的应用[J]. 电子技术与软件工程,2018(05):140.

优化新媒体运营策略,提升营销效果。

在澳大利亚数字化发展趋势下,新媒体运营已成为企业发展的重要途径。如何挖掘新媒体传播的潜力是每个企业都需要面对的问题,企业需要灵活运用不同的新媒体平台,制定有针对性的内容策略,并持续进行数据分析和优化。只有这样,企业才能在激烈的市场竞争中脱颖而出,取得成功。

第二节 数字化时代的媒体传播

一、媒体融合发展及全媒体传播

媒体融合是指不同媒体之间的融合,而全媒体传播则是指以互联网和数字化媒体为代表的媒体形态,后者具有跨平台、跨界面、跨终端等特点。随着信息技术的不断发展,传统媒体逐渐向数字化、网络化、智能化方向转型,媒体融合发展和全媒体传播逐渐成为当代媒体发展的重要趋势。

媒体融合是新时代媒体发展的必经之途。传统媒体比如电视、广播、报纸等已经开始向数字化、网络化、智能化方向转型,而数字媒体比如移动互联网、社交媒体等仍在不断发展[1]。媒体融合的形式主要有以下几种:首先,内容融合。内容融合是指不同媒体之间的内容互相借鉴、引用,进行有机融合。比如电视台可以在自己的网站上发布新闻节目,报纸可以在手机应用上提供视频播放服务。其次,技术融合。技术融合是指不同媒体之间的技术互相借鉴、应用,实现技术上的融合。比如电视和互联网的结合,使得用户可以通过电视观看互联网上的视频。最后,业务融合。

---

[1] 黄海明,张瑞,章鑫源.数字技术对非遗项目发展及传播的价值研究[J].互联网周刊,2023(08):49—51.

业务融合是指不同媒体之间的业务互相借鉴、合作,实现业务上的融合。比如一个传统媒体可以与一个数字媒体合作,共同开展一个新闻客户端,实现业务上的融合。

全媒体传播是媒体融合实现后需逐步推行并持续创新的媒体传播形式。它指的是以互联网和数字化媒体为代表的媒体形态,具有跨平台、跨界面、跨终端等特点。

全媒体传播的形式主要有以下几种。首先,纯网络媒体。纯网络媒体是一种基于互联网的新型媒体形态,具有全网络化、全数字化、全媒体化等特点。纯网络媒体主要通过网站、微博、微信等形式进行传播。这种媒体形式展示了网络时代媒体传播的便捷和高效,可以充分地实现媒体传播的潜力,并被视为媒体发展的里程碑。其次,传统媒体+互联网。传统媒体+互联网是指传统媒体通过互联网更好地传播自己的内容,并借助互联网进行创新和转型。比如报纸可以在自己的网站上提供视频播放服务,电视台可以在自己的网站上提供新闻直播。在这种形式中,传统媒体仍然是主体,而网络社交平台则扮演着辅助媒体传播的角色。最后,全媒体融合。全媒体融合指各种媒体融合后,形成一个全媒体的信息传播平台。全媒体融合不仅包括各种数字化媒体的融合,还包括传统媒体的数字化转型。比如报纸可以通过数字化技术实现多媒体化的新闻报道,电视台可以通过网络视频实现内容的全媒体传播。

随着时间的推移,当代媒体融合发展和全媒体传播已经成为媒体发展的重要趋势。媒体融合可以使不同媒体之间更好地协同发展、互相借鉴、互相促进,而全媒体传播则可以更好地满足用户的需求,提高媒体的影响力和传播效果[1]。不过,随着技术的不断发展和市场的不断变化,媒体的融合和转型也需要不断地调整

---

[1] 吕国伟.数字化非遗的传承内涵与设计应用[J].丝网印刷,2023(3):5.

和完善，从而更好地适应时代的发展。

二、全媒体传播发展的创新价值

全媒体传播发展可以说是传媒行业的一次革命，它为媒体传播方式、传播内容、传播对象、传播效果等方面带来了创新和变革。下面将从创新价值的角度，结合实例，阐述当代全媒体传播发展所带来的创新价值。

全媒体传播的出现使得信息传播渠道更加丰富和多元化。在传统媒体时代，信息传播主要依靠报纸、电视、广播等渠道。在全媒体传播时代，人们可以通过社交媒体、微信公众号、短视频等新媒体获取信息。这些新媒体使得信息传播得更加快捷、广泛和深入，不受时间和空间的限制，大大提高了传播效率。

全媒体传播的发展使得传播内容更加多元化和个性化。在过去的传统媒体时代，新闻、娱乐、体育、文化等内容主要由传统媒体进行传播。在全媒体传播时代，人们可以通过网络直播、短视频、社交媒体等新媒体展示自己的个性和特色。这些新媒体提供了更多元化、更个性化的传播内容，丰富了人们的生活。比如短视频平台已成为当下年轻人追求个性化的新宠。在短视频平台上，人们可以自由发挥，通过自己的创意和特色获得更多的关注和粉丝。这些短视频内容吸引了大量年轻人的关注和参与，成为一种新的生活方式。同时，这些新的传播内容也增加了人们的娱乐和文化生活，并为新的商业模式提供了创新的可能性。

全媒体传播的发展使得传播对象更加广泛和多元化。在传统媒体时代，传播对象主要是大众。在全媒体传播时代，人们可以根据个人需求和兴趣选择不同的传播对象。比如通过社交媒体关注自己的朋友圈、微信公众号等，人们可以获得更贴近个人需求和兴趣的传播内容，这些传播内容更加接地气，更易于接受。比如微信公众号和抖音平台等的出现，为小众传播提供了新的机会。

在过去，小众传播往往难以在传统媒体上发声，而现在，通过微信公众号、抖音等平台，小众传播的内容可以得到更多人的关注和支持，这些新的传播对象丰富了人们的生活，也为小众文化的传播提供了新的可能性。

全媒体传播的发展使得传播效果更加精准和直观。在传统媒体时代，信息传播主要依靠文字和图片。在全媒体传播时代，人们可以通过视频、直播等形式展现传播内容。这些新媒体的出现使得传播效果更加直观和生动，更容易引起人们的共鸣和情感共鸣。比如依靠全媒体传播的优势为电商可以更加精准和直观地进行宣传。通过直播、短视频等形式，商家可以展示产品的特点和优势，吸引更多用户的关注和购买，这些新的传播方式和传播效果推动了电商行业的发展，也让消费者获得了更好的购物体验。

三、全媒体传播的具体实践

随着互联网技术的不断发展，新媒体的出现给传统媒体带来了极大的冲击。传统媒体不断尝试融入新媒体的元素，开展全媒体传播，实现全方位、多渠道、立体化的报道。全媒体传播已经成为当代媒体发展的趋势，具有重要的意义。下面将从全媒体传播的概念、特点、实践探索等方面进行阐述。

全媒体传播是指利用多种媒体手段，包括传统媒体和新媒体，全方位地、多角度地、多层次地报道新闻事件，将信息快速、准确地传递给受众[1]。它是传统媒体和新媒体的一种有机结合，是一种多元化的传播方式。全媒体传播的特点在于多元化、互动性、时效性、个性化等。

针对全媒体传播的特点，传统媒体开始不断探索新的发展路

---

[1] 古须强. 广西传统戏剧类非遗项目的数字化保护和传承研究[J]. 大众文艺，2022(21):1—3.

径。比如新华社开展了"新华社+"计划，旨在融合传统媒体和新媒体，形成全媒体传播的新模式。该计划实施了以"新华社+"为主的全媒体新闻采编中心，实现了新闻采编、生产、传播一体化。在新媒体方面，新华社积极开展微博、微信、客户端等多种新媒体传播方式，实现了对受众的多元化覆盖。另外，新华社还开发了"新华社智库"平台，建立了全球智库联盟，将智库的学术力量和传媒的传播能力相结合，打造了国内一流的智库平台。这个平台不仅为新华社提供了新的发展路径，同时，也为各个领域的智库研究提供了智力支持。除了新华社，中央电视台也在全面推进全媒体传播。中央电视台新媒体中心积极开展微博、微信、客户端等新媒体传播方式，实现了对受众的多元化覆盖。同时，中央电视台还在电视直播上进行了创新，推出了"互动直播"模式，即通过开设微博、微信等互动平台，实时收集受众的意见反馈，让受众参与到新闻报道中来，实现了新闻报道的共创共享。

除了传统媒体，新媒体也在全面探索全媒体传播的新模式。比如"今日头条"所属的北京字节跳动科技有限公司就在新媒体领域进行了全面探索，该公司推出了"今日头条+"计划，将新闻报道、短视频、直播等多种形式进行集成，实现了全方位的新闻报道。同时，该公司还开展了"头条号"计划，打造了一批优秀的自媒体，实现了新闻报道的个性化。

需要注意的是，全媒体传播是传统媒体和新媒体融合的产物，是当前媒体发展的趋势。在全媒体传播的实践探索中，传统媒体和新媒体都在积极探索新的发展路径，目前已实现了多元化、互动性、时效性、个性化等特点的报道。未来，全媒体传播还将面临更多的挑战和机遇，需要传媒人不断探索，创新报道方式。

四、数字化发展对媒体传播产生的影响

（一）对公众阅读习惯方面的影响

数字化发展对公众阅读习惯的影响是一个复杂而广泛的话题。数字化时代的到来，不仅改变了人们获取信息的方式，也对公众的阅读习惯产生了深远的影响。

数字化时代的媒体传播更加注重视觉元素的呈现。在传统媒体时代，文字是主要的传播方式，而在数字化时代，图像、视频等视觉元素成了重要的传播手段，人们的阅读习惯也随之改变，更加注重视觉元素的呈现。比如人们更愿意通过图片或视频来了解新闻事件，而不仅只是阅读文字报道。这种阅读习惯的转变也促进了媒体传播方式的转变，强化了媒体视觉传达的能力。

数字化时代的媒体传播趋向于娱乐性质的信息。随着社交媒体、短视频等平台的兴起，人们越来越倾向于获取娱乐性质的信息。这种娱乐性质的信息包括搞笑段子、综艺节目等。这种信息的传播方式更加轻松、有趣，很容易吸引公众的注意力。因此，数字化时代的媒体传播更加注重传播信息的娱乐性质，也让公众的阅读习惯更加偏向娱乐化。

数字化时代的媒体传播促进了阅读形式的多元化发展。传统的阅读方式主要是通过报纸、杂志、书籍等媒介进行线性阅读，而数字化时代的媒体传播，包括社交媒体、短视频、电子书等，让阅读方式变得更加多样化。人们可以通过不同的平台、不同的阅读方式来获取信息。比如电子书的出现，让人们可以通过手机、平板等设备进行阅读，而不再局限于纸质媒介，这种多元化的阅读方式也促进了人们的阅读兴趣和阅读习惯的培养。

需要注意的是，虽然数字化发展媒体传播给公众阅读习惯带来了一些积极的影响，但也存在一些潜在的问题。比如过度沉迷

于娱乐性质的信息可能导致注意力分散，以及对深度阅读偏好的降低。因此，公众在面对数字化媒体传播时，需要保持正确的阅读习惯，避免沉迷于娱乐化的信息中，应保持对世界的客观认知，追求更高层次的阅读体验。

（二）对公众阅读心理方面的影响

数字化发展媒体传播对公众阅读心理也造成了一定的影响。随着数字化媒体的普及，公众的阅读习惯和心理也在不断变化。数字化媒体的发展会导致公众倾向于便捷、简略的信息阅览、自由阅读时间的安排以及信息繁杂超载等问题。对于这些问题，民众需要提高公众阅读素养，同时，也需要媒体从业者和相关部门共同努力，引导公众进行有意义和深入的阅读，提供更加高质量和可靠的信息，从而更好地满足公众的阅读需求[1]。

另外，数字化媒体的发展也影响了公众自由安排阅读时间的方式。公众可以随时随地使用手机、平板电脑等设备进行阅读，无论是在地铁上、公交车上还是晚上躺在床上。然而，这也导致了公众的阅读时间变得更加碎片化。公众难以专注于长时间的阅读，缺乏深入思考的机会。这样一来，公众的阅读体验和效果无法得到提升，甚至可能产生焦虑和疲劳感。同时，由于信息的来源变多和质量参差不齐，公众也面临着信息真实性和可信度的问题，这些问题会影响公众对信息的接收和理解，进而对其阅读体验和心理产生影响。

---

[1] 董奕. 数字化时代下影像对非物质文化遗产的保护与传播[J]. 大众文艺, 2022(17):217—219.

第二章 媒体数字化时代企业品牌形象的设计传播

第一节 媒体数字化对品牌形象设计传播的影响

一、媒体数字化发展促成的新市场格局

（一）媒体数字化及相关技术对市场的影响

媒体数字化使得媒体的传播范围得到了极大的扩大，传播媒介不再局限于传统的纸质媒体，而是通过网络平台、新型智能设备等多种渠道传播。媒体数字化使得媒体的传播速度得到了大幅提升，传播效果也更加明显，传播信息的时效性和有效性得到了极大的提高。此外，媒体数字化也使得媒体的形态更加多样化，媒体的传播手段和形式更加丰富多彩，满足了人们多元化的需求[1]。

可以说，媒体数字化对各行业企业的市场格局产生了深远的影响，其传播应用使得企业能够更加便捷地宣传品牌形象和产品

---

[1] 李天滢，王欣欣，赵仲意.新媒体视域下河北省非遗数字化保护与传承策略研究——以非遗文创App为例[J].河北科技大学学报（社会科学版），2022，22(03):95—101.

信息，提高企业的知名度和影响力，从而提高市场竞争力。媒体数字化的传播应用使企业能够更好地了解消费者的需求和反馈，从而调整产品和服务，提高其质量和满意度。此外，媒体数字化的传播应用为企业提供了更广泛的营销渠道和方式，实现了更精准的市场定位和营销策略，提高了营销效率和效果。

网络平台作为媒体数字化传播的重要渠道之一，对各行业企业的市场格局产生了深远影响。网络平台的出现使企业能够更便捷地与消费者进行沟通和交流，提高了企业与消费者之间的互动性和沟通效率。网络平台的出现使企业能够更精准地进行市场定位和营销策略，从而提供更加多样化的产品和服务，以满足消费者多元化的需求。此外，网络平台的出现还为企业提供了更广阔的市场空间和机会，扩大了企业的市场份额和影响力。

需要注意的是，媒体数字化的出现和发展对各行业企业的市场格局产生了深刻影响。媒体数字化的传播应用、网络平台和新型智能设备等载体的出现，使企业能够更便捷地进行宣传推广、市场定位和营销策略，提高了企业的知名度、影响力和市场竞争力，为企业的发展和壮大提供了有力的支持。

（二）品牌形象数字化设计的形成

在数字化时代，企业的品牌形象数字化设计已经成为企业发展战略的重要组成部分。品牌形象数字化设计的发展是由多重因素引起的，包括技术的发展、消费者行为的变化、市场竞争的加剧等。企业品牌形象数字化设计的形成是由多重因素共同作用的结果。随着技术的不断进步、消费者行为的不断变化和市场竞争的加剧，企业需要不断地更新品牌形象数字化设计策略，以适应市场的变化和满足消费者的需求。

随着科技的发展，数字化设计技术得到了极大的提升，也为企业品牌形象数字化设计提供了更多的可能性。数字化设计技术的进步使得企业可以更加精细地设计自己的品牌形象，从视觉上打造更加独特、有吸引力的品牌形象。比如通过3D技术，企业可以打造更加真实、立体的产品展示，让消费者更直观地了解产品的细节和特点。通过虚拟现实技术，企业可以创造更加身临其境的品牌体验，让消费者更加深入地了解企业品牌的文化与价值观。

当代消费者的消费行为发生了巨大的变化，这也促进了企业品牌形象数字化设计的发展。当前的消费者更加注重品牌的形象和文化，他们需要与品牌建立更加深入的连接。数字化设计技术的进步为企业提供了更多的工具，可以更好地满足消费者的需求。比如通过社交媒体渠道，企业可以与消费者建立更加密切的联系，让消费者了解更多关于品牌的信息。通过品牌形象数字化设计，企业可以打造更加有吸引力的品牌形象，让消费者产生更强的认同感和归属感。

需要注意的是，市场竞争的加剧也是企业品牌形象数字化设计发展的促成因素之一。在竞争激烈的市场中，企业需要打造更加独特和有吸引力的品牌形象，以吸引更多的消费者。数字化设计技术的进步为企业提供了更多的工具，可以更好地打造独特的品牌形象。比如通过个性化的设计，企业可以更好地满足不同消费者的需求，为品牌树立更加独特的形象。通过数字化设计技术，企业可以更好地表达品牌的文化和价值观，让消费者更加了解和认同品牌。

二、数字化时代品牌形象设计及传播特征

（一）较强的互动性

数字化时代的企业品牌形象设计和传播具有更强的互动性，主要表现在以下几个方面。

1. 社交媒体互动

企业可以利用社交媒体等平台与消费者进行互动，建立更加良好的品牌形象。比如企业可以在社交媒体上发布优惠券、促销活动等，吸引消费者参与互动。

2. 定制化服务

数字化时代使得定制化服务更加容易实现，同时，也更受到消费者的欢迎。企业可以根据消费者的个性化需求和喜好，提供符合其需求的产品和服务，从而提高品牌形象。

3. 互动式广告

互动式广告是数字化时代的一种新型广告形式，具有更强的互动性。销售者可以通过点击、滑动等方式让消费者与其进行互动，从而提高品牌形象的曝光度和互动性。

（二）无孔不入的渗透性

数字化时代的企业品牌形象设计和传播具有更强的渗透性，主要表现在以下几个方面。

1. 多渠道传播

数字化时代使得企业可以通过多种渠道进行品牌传播，比如社交媒体、搜索引擎、电子邮件等。通过多种渠道的传播，企业可以更全面地渗透到目标消费者群体中。

2. 内容营销

数字化时代的内容营销具有更强大的渗透性。通过创作有趣、有价值的内容，企业可以吸引消费者的关注，从而提高品牌形象。

3. 搜索引擎优化

搜索引擎优化是数字化时代的一种重要的品牌渗透方式。通过优化企业网站的内容和结构，使其在搜索引擎中排名更靠前，从而提高品牌的曝光度和渗透性。

（三）具备长期发展价值的即时性

数字化时代的企业品牌形象设计和传播具有更强的即时性，主要表现在以下几个方面。

1. 实时互动

数字化时代的社交媒体和其他平台可以实时交流，企业可以及时地回答消费者的问题和关注点，从而提高品牌形象。

2. 即时反馈

数字化时代的企业可以通过电子邮件、社交媒体等渠道，及时地向消费者反馈产品和服务的信息，从而更好地满足消费者需求。

3. 即时营销

数字化时代的企业可以通过实时的数据分析和反馈，及时地调整营销策略和方案，从而更好地适应市场变化和消费者需求。

三、媒体数字化对品牌形象设计的影响

（一）系统化开发价值凸显

数字化时代的兴起，为品牌形象设计带来了巨大的变革和挑战。在过去，品牌形象设计主要依靠平面广告、电视广告等传统媒体进行宣传，而数字化时代则要求品牌形象设计更加注重数字化媒体的应用。媒体数字化对品牌形象设计的影响之一是"系统化开发价值的凸显"。媒体数字化让品牌形象设计不再是简单的平面广告或电视广告，而是需要建立全方位的数字化媒体应用系统，包括网站、微信公众号、App 等多种数字媒体形式[1]。这些数字化媒体的应用形式要求品牌形象设计在视觉、交互、内容等多个方面都要进行系统化开发后才能真正地发挥价值。

---

[1] 王建华，栗帅东. 国内非物质文化遗产数字化保护研究现状 [J]. 湖南包装，2021，36(05):1—6+37.

媒体数字化要求品牌形象设计在视觉上进行系统化开发，由此数字化媒体应用系统的视觉设计就要求更加精细化、个性化、差异化。销售者需要从品牌的形象特点、目标用户等多个方面进行深入分析，设计出符合品牌特点的视觉风格，从而提高消费者对品牌的认知度和记忆度。比如华为公司的品牌形象设计一直强调简洁、现代的风格，从而在消费者心目中形成了独特的品牌形象。

媒体数字化要求品牌形象设计在交互方面进行系统化开发，由此数字化媒体应用系统的交互设计就要求更加用户友好、便捷、个性化。销售者需要针对不同的数字媒体形式，设计出符合用户的交互方式，从而提高用户的体验感和品牌的吸引力。比如微信公众号的品牌形象设计需要注重与用户的互动，通过互动式的活动、社交化的内容等方式，提高用户对品牌的关注度和黏性。

媒体数字化要求品牌形象设计在内容方面进行系统化开发，由此数字化媒体应用系统的内容设计就要求更加丰富、创新、个性化。销售者需要根据不同的数字媒体形式，设计出符合用户需求的内容，从而提高用户的满意度和品牌的价值。比如网站的品牌形象设计需要注重内容的更新和创新，通过多媒体、互动、社交等方式，提高用户对品牌的关注度和认知度。

综上所述，品牌形象设计需要建立全方位的数字化媒体应用系统，只有在视觉、交互、内容等多个方面进行系统化开发，才能真正地发挥价值。随着数字化时代的不断发展，品牌形象设计将面临更多的挑战和机遇，需要不断地进行创新和改进，只有这样才能在市场中立于不败之地。

（二）数字化设计迎合大众审美

随着媒体数字化成为媒体行业的新趋势，数字化设计已经成为品牌形象设计的核心要素之一。数字化设计的目的是通过数字化技术来满足消费者的需求和审美趋势，同时，提升品牌形象的知名度和美誉度。数字化设计的发展不只是技术的进步，更是市场需求和消费者审美趋势的变化。数字化设计需要迎合大众审美趋势和市场需求，才能真正地实现品牌形象设计的目标。

数字化设计的发展与大众审美趋势的变化密切相关。随着年轻一代成长为消费主力，他们对媒体的需求和审美趋势也在不断地发生变化，数字化设计的目的是要迎合和满足他们的需求，并根据不同的年龄、性别、文化背景等因素进行多层次的设计和创意，这样才能真正地实现迎合大众的审美趋势。

也就是说，数字化设计需要根据市场的需求进行设计，才能真正地实现品牌形象的目标；数字化设计需要与市场需求相结合，才能满足消费者的需求；数字化设计需要具有创新性和前瞻性，才能满足市场需求的要求。

第二节 媒体数字化企业品牌形象设计的转型

一、品牌形象设计的识别转型

品牌设计中的"识别"指的是企业品牌设计中独特的标志、名称、字体等元素。随着媒体数字化的发展，消费者获取信息的方式逐渐多样化，品牌设计也在逐渐转型，主要表现在以下几个方面。

企业开始注重品牌设计的一致性。在数字化时代，消费者获取信息的渠道越来越多，企业需要通过品牌设计的一致性来提高品牌的识别度。比如华为公司的品牌设计一直保持着一致性，无论是在产品、广告还是宣传资料上，华为公司使用的字体、颜色和标志都是一致的，这样消费者很容易识别出华为公司的品牌。

企业开始注重品牌设计的简洁性。在数字化时代，消费者获取信息的速度越来越快，企业需要通过品牌设计的简洁性来提高品牌的识别度。例如，麦当劳的品牌设计非常简洁，只有一个字母"M"，但这个字母已经能够让人们快速地识别出麦当劳的品牌。

企业更加注重品牌的个性化和差异化。以往，许多企业的品牌相似，标志和商标也相似，导致消费者难以区分。而在数字化时代，企业可以通过更加个性化、差异化的品牌形象设计来突显自身的独特性，从而吸引更多消费者。比如一些企业会在标志和商标上加入独特的元素，或采用特殊的字体和配色，以打造更加个性化的品牌形象。

数字化时代也带来了多元化的媒体渠道，企业需要在不同的媒体渠道上进行品牌推广。在这样的背景下，企业的品牌形象设计也需要进行转型，采用适合不同媒体渠道的品牌识别方式。比如在社交媒体上，企业可以采用更加简洁、易于识别的标志和商标，方便消费者在快速浏览中识别品牌；在电视广告中，企业可以采用更加生动、富有表现力的品牌形象设计，以吸引消费者的注意力。

在数字化时代，企业品牌形象设计的转型还需要更加注重消费者的体验和需求。企业需要了解消费者的喜好和习惯，采用更加贴近消费者的品牌识别方式。同时，企业也需要关注数字化媒体的发展趋势，采用适合不同媒体渠道的品牌形象设计，从而更好地推广自身品牌，提升品牌知名度和影响力。

二、品牌形象设计中的图形转型

品牌设计中的图形指的是企业品牌设计中独特的符号、图案、形状等元素。随着媒体数字化的发展，品牌设计中的图形也在逐渐转型，主要表现在以下几个方面。

企业开始注重品牌设计的创新性。在数字化时代，消费者对于新鲜感的需求越来越强烈，企业需要通过品牌设计的创新性来吸引消费者的注意。比如抖音的品牌设计非常创新，它的 App 中的简洁的音符形状能够引起人们的注意。

企业开始注重品牌设计的可拓展性。在数字化时代，企业需要面对各种各样的媒体平台，品牌设计需要具备可拓展性，才能适应不同的媒体平台。比如微软公司的品牌设计非常具有可拓展性，它的标志中的"窗户"图标大小可以根据不同的媒体平台进行调整，使得微软公司的品牌在不同的媒体平台上都能保持风格一致。

在数字化时代，企业需要注重图形设计的创新。过去，许多企业的品牌图形设计都比较传统，缺乏创新性，而在数字化时代，企业需要通过图形设计来突出品牌的特点和独特性，以吸引消费者的注意力。比如一些企业会采用抽象、具象、线条等多种图形元素，来打造更加独特的品牌形象；一些企业还会采用动态的图形设计，比如动态标志，以增加品牌的互动性和趣味性。

企业需要注重图形设计的多样化。在数字化时代，消费者的媒体消费渠道不断增加，包括电视、网络、手机等多种渠道。因此，企业的品牌图形设计也需要在不同的媒体渠道上进行适应性转型。比如在电视广告中，企业可以采用更加生动、富有表现力的图形设计，以吸引消费者的注意力；在数字平台上，企业可以采用更加简洁、易于识别的图形设计，以便消费者在快速浏览中识别品牌。

三、品牌形象设计中的色彩转型

品牌设计的"色彩"是指企业品牌设计中独特的颜色、配色方案等。随着媒体数字化的发展，品牌设计的"色彩"也在逐渐转型，主要表现在以下几个方面。

企业开始注重品牌设计的情感性。在数字化时代，企业需要通过品牌设计的色彩来表达品牌的情感。比如可口可乐公司的品牌设计非常具有情感性，它使用的红色和白色配色方案非常适合表达快乐和愉悦的情感。

企业开始注重品牌设计的新潮性。在数字化时代，企业需要考虑不同文化背景下消费者对于颜色的不同理解，因此品牌设计需要具备迎合不同消费群体品位的特性。比如百事可乐公司在产品包装中，广泛使用的蓝色和白色配色方案非常引人注目，可以吸引年轻消费者的注意。

企业需要注重色彩设计的创新。过去，许多企业的品牌色彩设计都比较传统，缺乏创新性，而在数字化时代，企业需要通过色彩设计来突出品牌的特点和独特性，吸引消费者的注意力。比如一些企业会采用饱和度高、明度高的色彩组合，来打造更加鲜明、富有张力的品牌形象。此外，一些企业还会采用渐变色、立体感、光影效果等多种色彩设计元素，以增加品牌的视觉冲击力和艺术感。

企业需要注重色彩设计的多样化。在数字化时代，消费者的媒体消费渠道不断增加，包括电视、网络、手机等多种渠道。因此，企业的品牌色彩设计也需要在不同的媒体渠道上进行适应性转型。比如在电视广告中，企业可以采用更加鲜明、富有张力的色彩设计，以吸引消费者的注意力；在数字平台上，企业可以采用更加柔和、和谐的色彩设计，以便消费者在长时间浏览中感受到舒适和愉悦。

第三章　媒体数字化时代虚拟仿真技术的传播透视

第一节　媒体数字化时代虚拟仿真技术的传播应用现状

一、虚拟仿真平台建设效益分析

时下科技发展飞速，虚拟仿真技术已经逐渐成为媒体行业进行应用探索的重要工具。在广播电视行业中，虚拟仿真技术的运用也越来越广泛。广播电视台利用虚拟仿真技术构建虚拟仿真平台，不仅可以带来显著的经济效益，同时也能创造丰富的社会效益。从经济效益的角度来分析，虚拟仿真平台的建设可以有效地降低节目制作成本。传统的广播电视台节目制作需要投入场地、设备、人力等资源，而有时各环节的资源成本可能超出预算。利用虚拟仿真技术可以实现完全的数字化制作过程，避免了现实场景搭建和场地租赁等费用，并且大大减少了后期制作的时间和成本，从而降低了制作成本。比如广播电视台可以利用虚拟仿真技术在虚拟空间中搭建完整的演播室和制作场景，并通过虚拟摄像机进行拍摄和录制，避免了实际场景建设和设备租赁等成本。

（一）虚拟仿真平台建设可以显著提高节目制作效率

虚拟仿真技术可以使广播电视台的节目制作过程更加高效。在虚拟仿真平台中，制作人员可以通过调整场景、角度、灯光等参数快速实现节目效果的预览和修改，从而提高制作效率。比如广播电视台可以利用虚拟仿真技术快速搭建各种场景，包括新闻演播室、体育赛事场馆等，并通过虚拟摄像机进行拍摄和录制，实现制作过程的高效化。

（二）虚拟仿真平台建设可以在一定程度上提升节目质量

虚拟仿真技术为广播电视台提供了更为灵活和多样化的制作手段，可以提升节目的质量和观赏性。比如广播电视台可以利用虚拟仿真技术在节目中加入各种视觉效果，包括立体图像、特效动画等，增强节目的视觉冲击力和艺术感染力。从社会效益的角度来分析，虚拟仿真平台建设可以逐步促进国内外多元文化间的交流，扩大文化影响力。比如广播电视台可以在虚拟仿真平台中搭建不同国家和地区的文化场景，通过虚拟摄像机进行拍摄和录制，让观众更加生动地了解和感受不同文化的魅力。

（三）虚拟仿真平台建设可以增强电视节目的公共服务功能

利用虚拟仿真技术，广播电视台可以构建虚拟仿真平台，为观众提供更全面和便捷的公共服务。比如广播电视台可以在虚拟仿真平台中搭建各种公共服务场景，如医院、博物馆等，通过虚拟摄像机进行拍摄和录制，让观众更加方便、直观地学习使用和获取公共服务信息和资源。

（四）虚拟仿真平台建设可以推动传统媒体实现媒体传播的进阶创新

广播电视台利用虚拟仿真技术构建虚拟仿真平台，可以推动科技创新，促进行业发展。比如广播电视台可以借助虚拟现实技术在虚拟仿真平台中实现全景拍摄和互动体验，提升观众的观赏体验和参与感，同时，也可以激发科技创新的热情和动力，为行业的发展注入新的能量。实践证明，广播电视台利用虚拟仿真技术构建虚拟仿真平台，可以带来显著的经济效益和丰富的社会效益。可以说虚拟仿真平台建设为广播电视行业的发展和文化交流作出了重要贡献。

二、虚拟仿真平台建设应用情况

近年来，随着虚拟仿真技术的不断发展，广播电视台也开始利用虚拟仿真平台进行建设应用。虚拟仿真平台是一种基于计算机技术的三维数字化仿真技术，可以在虚拟环境中进行各种模拟和实验。下面将从"资源共享"和"资源硬件规划"两方面详细地分析广播电视台利用虚拟仿真平台建设应用情况。

（一）资源共享

资源共享是指在广播电视台内部，将各个业务部门之间的资源进行整合和共享，实现资源的最大化利用和开发。资源共享的意义在于，可以节约资源开支，提高资源利用效率，加快业务流程，提高业务质量。虚拟仿真平台在资源共享中的应用主要体现在以下几个方面：首先，节约场地资源。传统的广播电视节目制作需要大量的场地资源，但是虚拟仿真技术可以在虚拟环境中进行模拟，不需要实际场地资源，因此可以节约大量的场地资源。

其次，共享人员资源。虚拟仿真平台可以模拟各种人物形象和动作，因此不需要实际的演员和技术人员，可以节约大量的人力资源。

最后，共享设备资源。虚拟仿真平台可以模拟各种设备和场景，因此不需要实际的设备资源，可以节约大量的设备资源。

（二）资源硬件规划

资源硬件规划是指根据业务需求和技术要求，对虚拟仿真平台的硬件设备进行规划和配置。资源硬件规划的意义在于，可以保证虚拟仿真平台的稳定性、安全性和性能优化。

虚拟仿真平台的硬件配置主要包括：（1）计算机硬件配置。虚拟仿真平台需要高性能的计算机硬件，包括CPU、GPU、内存、硬盘等，以保证虚拟仿真平台的运行速度和稳定性。（2）显示设备。虚拟仿真平台需要高分辨率的显示设备，以保证虚拟画面的清晰度和真实感。（3）交互设备。虚拟仿真平台需要交互设备，包括鼠标、键盘、手柄等，以保证用户可以进行操作和控制虚拟环境。在实际制作过程中，为了保证虚拟仿真平台的稳定性和性能优化，广播电视台需要按照上述内容提及的内容进行实践安排，采用高性能的计算机硬件、高分辨率的显示器设备和交互设备，以保证用户可以进行流畅的操作和控制虚拟环境。

虚拟仿真平台在广播电视台的建设应用中具有重要的意义。广播电视台可以通过资源共享和资源硬件规划，充分利用虚拟仿真平台的优势，节约资源开支，提高制作效率和质量。

第二节 媒体数字化时代虚拟仿真技术的有效传播策略

一、媒体数字化发展对虚拟仿真技术的应用侧重

随着数字化时代的到来,各种媒体形式都在尝试创新,并且数字媒体的发展也在不断地推动着虚拟仿真技术的应用。虚拟仿真技术是指利用计算机和相关设备模拟真实环境,创造出虚拟的三维场景,实现交互式体验的技术。

(一)媒体数字化的高清晰度

媒体数字化的高清晰度和大容量特性可以为虚拟仿真技术提供了更好的图像和声音支持,使得虚拟场景更加真实、更加精细。比如现在的电影制作几乎都是数字化的。数字化的特效能在电影中展现出更加真实的效果,能让观众更好地感受到电影中的场景和情感。

(二)媒体数字化的交互性

媒体数字化的交互性,为虚拟仿真技术的交互式体验提供了更好的支持。媒体数字化的交互性体现在:数字媒体的用户参与度更高,用户可以更加主动地参与到数字媒体中来,与数字媒体进行互动;虚拟仿真技术可以让用户更加身临其境地感受到虚拟场景,与虚拟场景进行互动,更加深入地了解和掌握虚拟场景的特性。

（三）媒体数字化的多媒体性

媒体数字化的多媒体性，为虚拟仿真技术的多媒体呈现提供了更好的支持。数字媒体的多媒体性体现在数字媒体中同时融合了多种媒体形式，比如图像、声音、文字等，使得数字媒体更加丰富多彩。而虚拟仿真技术同样可以将多媒体元素融合到虚拟场景中，使得虚拟场景更加生动、更加具有感染力。

（四）媒体数字化的互联性

媒体数字化的互联性，为虚拟仿真技术的互联网应用提供了更好的支持。数字媒体的互联性体现在数字媒体可以通过互联网进行传播和共享，用户可以通过互联网获得更加便捷的数字媒体服务。在此基础上，虚拟仿真技术可以通过互联网进行应用，比如虚拟现实游戏、虚拟现实培训等，用户可以随时随地进行虚拟体验。

由此可见，媒体数字化发展对虚拟仿真技术的应用侧重于提供更好的图像和声音支持、交互式体验、多媒体呈现和互联网应用等方面。随着媒体数字化的不断发展，虚拟仿真技术的应用也将会得到更加广泛和深入地推广。

二、在媒体数字化中提升虚拟仿真技术的思考

随着互联网技术的不断发展，媒体数字化已经成为人们获取信息和娱乐的主要方式之一。然而，媒体数字化的发展也面临一些挑战，比如如何提高用户的互动体验，增加媒体内容的真实感和可信度等问题。虚拟仿真技术作为一种新兴的技术手段，在一定程度上可以解决上述问题，并在媒体数字化中得到广泛应用。

虚拟仿真技术能够将用户带入虚拟的环境中，使用户能够身临其境地感受媒体内容所表达的信息，从而提高用户的互动体验。

比如在游戏中使用虚拟仿真技术可以让玩家感受到更真实的游戏场景和情境,增强游戏的趣味性和可玩性。虚拟仿真技术可以通过模拟真实情境来增加媒体内容的真实感和可信度。比如在电影中使用虚拟仿真技术可以让观众感受到如身临其境般的电影场景和情境,增强电影的真实感和可信度。

在实际应用过程中,了解虚拟仿真技术在媒体数字化中应用实效提升的相关需求至关重要。一般来说,虚拟仿真技术的应用实效取决于媒体数字化水平的高低。因此,提高媒体数字化水平是提升虚拟仿真技术应用实效的基本需求。此外,还需要加强虚拟仿真技术与媒体内容的结合。

虚拟仿真技术作为一种技术手段,需要与媒体内容相结合才能发挥更好的作用。因此,加强虚拟仿真技术与媒体内容的结合是提升虚拟仿真技术在媒体数字化中应用实效的重要需求。虚拟仿真技术的应用价值更在于它能够提高用户对媒体传播内容的接受度,以强化媒体传播的互动体验。因此,提高用户的接受度和互动体验是提升虚拟仿真技术在媒体数字化中应用实效的必要需求。

结合上述分析,可以初步确定虚拟仿真技术在应用中需关注的各项内容,并以此为基础确定技术应用策略。首先,需要加强虚拟仿真技术的研发和创新。比如通过加强研发团队的建设、增加技术投入等方式来推动虚拟仿真技术的研发和创新。其次,需要加强虚拟仿真技术与媒体内容的结合。比如通过加强媒体内容的策划和设计,增加虚拟仿真技术的应用场景等方式来实现。最后,需要结合当下技术发展和应用经验,合理地选择阶段性发展目标,以切实地提高媒体服务对象群体的信息接受度和传播互动感受。比如通过加强用户体验的设计,增加用户互动的场景和情境等方式来实现。

目前,虚拟仿真技术作为一种新兴的技术手段,在数字化媒体中得到了广泛的应用。为了提升虚拟仿真技术在数字化媒体中应用实效，需要加强虚拟仿真技术的技术水平，加强虚拟仿真技术与媒体数字化相结合，提高用户的接受度和互动体验。只有这样，才能为用户带来更好的互动体验。

第四章 媒体数字化时代非遗项目的有效传播

第一节 非遗传承运用新媒体数字化技术的可行性

一、非遗数字化研究分析

（一）非遗数字化采集整理价值

当代非遗传承是中国非物质文化遗产保护的重要组成部分，数字化采集、整理、记录信息是当代非遗传承的重要手段之一。数字化采集、整理、记录信息的实际情况不仅对当代非遗传承具有重要推动作用，还提高了非遗文化的传播和保护效率。

一方面，数字化采集、整理、记录信息有助于保护非遗文化的真实性。数字化采集技术可以将非遗文化的实物、图像、音频和视频等多媒体信息进行处理，确保非遗文化信息的真实性和完整性。数字化整理技术可以对非遗文化进行分类、标准化处理，使得非遗文化信息能够被更加精准地记录和传播。数字化记录技术可以将非遗文化信息存储在互联网上，使得人们可以随时随地获得非遗文化信息，从而保证非遗文化的传承和发展。

另一方面,数字化采集、整理、记录信息也有助于非遗文化的传承和发展。数字化采集技术可以让传承人更加便捷地记录非遗文化信息,保存非遗文化的传承技艺和知识。数字化整理技术可以让传承人更加清晰地了解非遗文化的内涵和外延,有助于非遗文化的传承和发展。数字化记录技术可以让非遗文化信息得到更广泛的传播,让更多的人了解和认识非遗文化,从而促进非遗文化的传承和发展。

然而,目前数字化采集、整理、记录信息也面临一些实际问题。首先,数字化采集、整理、记录信息需要技术支持,传承人往往缺乏相关技术和知识,需要专业人员的帮助。其次,数字化采集、整理、记录信息需要大量的时间和精力,传承人往往缺乏时间和精力,需要社会各界的支持和关注。最后,数字化采集、整理、记录信息需要保护非遗文化的真实性和完整性,需要有相关的法律和制度保障,以防止非遗文化信息的侵权和滥用。

总的来说,数字化采集、整理、记录信息在当代非遗传承中具有重要的推动作用。它有助于保护非遗文化的真实性,提高非遗文化的传播和保护效率,同时,也会促进非遗文化的传承和发展。只是在数字化采集、整理、记录信息的过程中,需要社会各界的关注和支持,以保证非遗文化信息的真实性和完整性。

(二)非遗数字化存在的问题分析

当代非物质文化遗产数字化工作推行涉及数字化技术的应用、文化传承问题、数字化作品的保护和使用等。数字化技术的应用是非物质文化遗产数字化工作推行中的重要问题。尽管数字化技术已经广泛应用于许多行业,但在非物质文化遗产数字化工作中仍存在改进的空间。比如在数字化过程中,如何保持原有质量、如何处理数字化后的数据、如何确保数字化结果的可靠性等问题需要解决。此外,数字化技术的应用还需考虑使用者需求和使用环境的变化,以更好地满足用户需求。

文化传承问题是非物质文化遗产数字化工作推行中的另一个重要问题。虽然数字化技术有助于非物质文化遗产的保存和传承,但在数字化过程中如何保护非物质文化遗产的传承和发展至关重要。比如在数字化过程中,如何保持非物质文化遗产的原始特征、如何保护非物质文化遗产的传承方式、如何维护非物质文化遗产的传承环境等问题都需要考虑。此外,数字化技术还需思考如何将非物质文化遗产传承的理念融入数字化过程中,以更好地保护和传承非物质文化遗产。

此外,数字化作品的保护和使用也是非物质文化遗产数字化工作推行中遇到的重要问题。由于数字化作品的保护涉及版权、数据安全和隐私保护等方面,因此数字化作品的使用则需要制定合理的规范和政策,确保数字化作品的合法使用、合理传播,避免滥用和侵权行为。

总的来说,非物质文化遗产数字化工作在推行过程中需要面对数字化技术应用、文化传承问题以及数字化作品的保护和使用等多个方面的挑战。只有克服这些问题,才能更好地保护和传承非物质文化遗产,促进其传播和发展。

(三)非物质文化遗产数字化保存的困境

对非物质文化遗产数字化保存的困境可以从以下几个方面进行分析。

1. 数字化保存成本高

数字化保存需要高昂的技术和设备投入,同时,还需要专业人员进行维护和管理,这些都需要大量的经费支持,对一些贫困地区或者文化遗产保护机构来说难以承受。

2. 数字化保存的数据格式问题

数字化保存的数据格式需要长期稳定,否则过多的技术更新和升级可能导致数据的丢失或无法查看,这就需要对数字化保存的数据格式进行长期的维护和升级,这对于一些资源匮乏的机构来说也是一项难题。

3. 数字化保存的安全性问题

数字化保存的文化遗产数据可能会遭受黑客攻击或者人为破坏,这可能导致数据的丢失或者泄露,对非物质文化遗产的保护和传承都会带来极大的影响。

4. 数字化保存的版权问题

数字化保存的文化遗产数据有可能会侵犯到原作者或者其继承人的版权,这就需要对数字化保存的文化遗产数据版权问题进行认真的考虑和处理,否则可能会涉及法律问题。

5. 数字化保存的传承问题

数字化保存虽然可以保证文化遗产的原貌,但是也会削弱非物质文化遗产的传承和发展——数字化保存只能呈现文化遗产的表面,无法传递文化遗产的内在精髓和深层意义——这会导致非物质文化遗产的传承和发展受到限制。

(四)非遗数字化形式分析

1. 数字影像展示

数字影像展示是指通过数字化手段将非物质文化遗产呈现给更多人,让他们了解传统文化的魅力和价值。

(1)数字影像展示是一种新兴的文化传播方式

随着信息技术的迅猛发展,数字化手段已经成为文化传播的新途径。通过数字影像展示,传统非物质文化遗产可以以更生动形象的方式呈现,让更多人接触传统文化,并更好地理解和欣赏其魅力。数字影像展示有助于非物质文化遗产的传承。在传统非物质文化遗产的传承过程中,一些项目由于各种原因难以传承下去,通过数字影像展示,这些项目可以被记录和保存,让更多的人了解它们,同时,促进这些项目的传承和发扬光大。

(2)数字影像展示可以更好地保护非物质文化遗产

随着社会的发展,一些传统文化技艺面临着失传的风险。通过数字影像展示,传统文化技艺可以被记录和保存下来,从而得到更好的保护。同时,数字影像展示也可以增加公众对传统文化技艺重要性的认识,增强社会对传统文化的保护意识。这些产品和项目在更好地满足现代人需求的同时,也让传统文化技艺得到了更好的传承和发扬光大。

2. VR 全景体验

VR 全景体验是指通过虚拟现实技术将传统非物质文化遗产呈现在虚拟空间中,使观众能够身临其境地感受非物质文化遗产的魅力。这一形式的出现旨在将非遗文化传承与现代技术相结合,促进非遗文化的传播和推广。其实现方式包括:利用 3D 扫描技术将非遗文物数字化处理,然后通过虚拟现实技术呈现给观众;使用全景相机拍摄非遗文化场景,并通过虚拟现实技术构建完整的场景,让观众自由观看和探索;应用人工智能技术对非遗文化的历史和文化内容进行数据化处理,提供给观众更深入、全面地了解和探究。

VR 全景形式的出现对非遗文化传承和推广具有重要意义。传统非物质文化遗产大多是口耳相传的,难以广泛传播和推广。然而,数字化技术的出现为非遗文化传承和推广提供了新思路和途径。通过数字化技术,非遗文化的传承和推广可以更直观、生动的方式呈现给观众,从而吸引更多的人参与,并更好地传承和保护非遗文化。然而,VR 全景的应用仍面临着一些问题和挑战。例如,如何保证虚拟现实场景的逼真度以及如何保护非遗文化的原汁原味等问题需要进行深入地探讨和解决。

目前,我国已在非遗数字化方面应用了 VR 全景技术并构建了体验场所,这是非遗文化传承和推广的新途径,能更好地将传统文化与现代科技相结合，促进非遗文化的传承和保护。未来，我们需要进一步探索和完善这种形式，以更好地推广和传承非遗文化。

2. 联名手机游戏

这里的"联名手机游戏"是指基于我国非物质文化遗产特点开发的手机游戏，旨在通过数字化手段传承和弘扬我国非物质文化遗产，同时，为非物质文化遗产的传承和发展提供新的途径和平台。

目前，我国非遗数字化联名手机游戏已经形成了一定规模，涵盖了许多不同的非物质文化遗产项目。比如京剧、昆曲、豫剧等传统戏曲被数字化后成为手机游戏中的主角，游戏玩家可以通过游戏了解这些传统文化的历史背景、剧情、角色等知识。同时，还可以在游戏中体验到戏曲音乐、唱腔、表演技巧等，感受戏曲艺术的魅力。此外，传统手工艺品也成为非遗数字化联名手机游戏的重要组成部分。比如蜀锦、苏绣、景泰蓝等传统手工艺品被数字化后成为游戏中的道具或装饰品，游戏玩家可以通过游戏了解这些手工艺品的制作过程、技艺特点等，还可以在游戏中体验到这些手工艺品所蕴含的文化内涵。

在游戏开发方面，我国非遗数字化联名手机游戏采用了多种技术手段，比如虚拟现实、增强现实、人工智能等，这些技术手段可以让游戏玩家更真实地感受非遗文化的魅力。如虚拟现实技术可以将游戏玩家带入传统戏曲舞台，让他们身临其境地感受戏曲表演的气氛。

3. AR 交互场景

这里的"AR 交互场景"是指以增强现实技术为基础，将中国非物质文化遗产通过数字化手段呈现出来的一种文化交流形式。它是将传统文化与现代科技完美结合的形式，能够让人们更直观地了解和感受非遗文化的魅力，促进非遗文化的传承和发展。

第四章 媒体数字化时代非遗项目的有效传播

AR 技术是一种结合虚拟现实和实际场景的技术，可以将虚拟图像与真实场景相结合，使用户在现实场景中看到与虚拟图像交互的效果。非遗数字化 AR 交互场景运用了这一技术，将传统文化与科技巧妙地结合在一起，为人们带来了全新的文化体验。非遗数字化 AR 交互场景的形式多样，用户可以通过手机 App、平板电脑、电视等数字化设备来体验，也可以通过 VR 眼镜等设备来感受。这种形式的出现不仅方便了人们的体验，同时，也扩大了非遗文化的传播范围，让更多的人了解和感受非遗文化的魅力。

以国家级非遗项目"昆曲"为例，非遗数字化 AR 交互场景运用了 AR 技术，以昆曲剧目为主线，通过虚拟手段呈现出昆曲的历史、文化、剧目、唱腔等内容，使用户可以身临其境地感受昆曲文化的魅力。通过手机 App 或平板电脑，用户可以选择不同的曲目，观看精彩的演出，并且还可以了解昆曲的历史和文化背景。用户还可以通过虚拟现实手段与演员互动，了解昆曲的唱腔和乐器演奏技巧，这种形式不仅能让用户更深入地了解昆曲文化，还能提高用户的参与感和互动体验。非遗数字化 AR 交互场景的出现不仅为非遗文化的传承和发展提供了新的途径，同时，也推动了数字化技术的应用和发展。通过数字化手段，非遗文化得以走出博物馆、传统剧场等场所，进入人们的日常生活，为人们带来更便捷、新颖、丰富的文化体验。

总之，非遗数字化 AR 交互场景是一种结合传统文化和现代科技的新型文化交流形式，它能让人们更直观地了解和体验非遗文化的魅力。它的出现不仅为非遗文化的传承和发展提供了新的途径，也推动了数字化技术的应用和发展，为文化产业的发展注入了新的动力。

二、媒体数字化对非遗项目传播传承的创新

（一）开发创新智慧文旅系统

随着媒体数字化技术的快速发展，文化遗产的传承和传播方式也发生了巨大变化。在这个趋势下，各地政府和文化机构开始尝试将媒体数字化技术引入非遗项目的传承和传播中，以提高非遗的传承度和传播效果。其中，一种比较成功的尝试是"开发创新智慧文旅系统"，这一系统通过媒体数字化技术的应用，为非遗项目的传承和传播提供了新的创新与探索。

这一系统通过媒体数字化技术的应用，实现了非遗项目的数字化展示和传播。传统中非遗项目的传播主要依靠口耳相传和实物展示，但这种方式受时间和空间的限制，难以让更多的人了解和体验非遗项目。通过媒体数字化技术，非遗项目可以以更直观、生动的方式呈现在观众面前，不仅节约了时间和空间成本，还可以让更多的人了解和体验非遗项目，从而更好地传承和传播非遗项目。

这一系统通过媒体数字化技术的应用，实现了非遗项目的跨界融合和创新发展。在以往，非遗项目的传承和发展主要在传统领域内进行，很难与其他领域进行有效的融合和创新。通过数字化媒体技术，非遗项目可以与其他领域进行跨界融合，创造出更有趣、有价值的文化产品。比如在文旅系统中，非遗项目可以与旅游、电影、音乐等领域进行融合，创造出更丰富多彩的文化旅游产品，吸引更多的游客前来参观，促进当地经济的发展。

此外，这一系统通过媒体数字化技术的应用，实现了非遗项目的在线交流和学习。在传统中，非遗项目的传承和学习主要依靠师父和学徒之间的面对面传授，很难让更多的人参与其中。通

过数字化媒体技术，非遗项目可以实现在线交流和学习，让更多人参与到非遗项目的传承和学习中来。比如在文旅系统中，观众可以通过在线学习课程了解非遗项目的历史和文化背景，从而更好地理解和传承非遗项目。可以说，"开发创新智慧文旅系统"这一数字化媒体对非遗项目传承、传播的创新探索具有重要意义。它不仅提高了非遗项目的传承度和传播效果，还促进了非遗项目的跨界融合和创新发展，同时，也为更多人参与非遗项目的学习提供了便利。

（二）构建线上非遗数字教育体系

传统的非遗项目在传承和传播方面存在许多困难，而数字化媒体的出现极大地拓展了非遗项目的传承和传播渠道，成为非遗传承和传播的重要手段之一。在这种情况下，构建线上非遗数字教育服务体系成了非遗项目传承传播的创新探索途径。

构建线上非遗数字教育服务体系可以让更多人了解和学习非遗项目。在过去，非遗项目的传承和传播主要依靠口口相传的方式，信息传递速度缓慢、覆盖面较小，而线上非遗数字教育服务体系的出现可以让更多人通过互联网平台了解和学习非遗项目，扩大了非遗项目的传播范围。

线上非遗数字教育服务体系可以提高非遗项目的传承效率。非遗项目的传承和传播需要时间和精力，而线上非遗数字教育服务体系可以将非遗项目的相关知识整合为数字化教材，通过网络平台进行传播，这样做可以大大提高非遗项目的传承效率，缩短传承时间，提高非遗项目的传承质量。

线上非遗数字教育服务体系可以增强非遗项目的互动性。在线上非遗数字教育服务体系中，学习者可以通过网络平台进行互动和交流，分享学习心得和体验，这样可以增强非遗项目的互动性，促进非遗项目的传承和传播。此外，在线上非遗数字教育服务体系还可以让非遗项目学习更加灵活,学习者可以随时随地进行学习,不受时间和地点限制。

线上非遗数字教育服务体系还可以提高非遗项目的传播效果。在线上非遗数字教育服务体系中,非遗项目的传播可以通过网络平台进行,可以将非遗项目传播到更广泛的人群中。此外,在线上非遗数字教育服务体系中还可以通过各种形式的互动和交流,提高非遗项目的传播效果,增强非遗项目的吸引力和影响力。

线上非遗数字教育服务体系的构建是非遗项目传承和传播的创新探索,可以扩大非遗项目的传播范围,提升非遗项目的传承效率,增强非遗项目的互动性,提高非遗项目的传播效果。在数字化时代,非遗项目的传承和传播需要与时俱进,采用数字化媒体的手段,构建线上非遗数字教育服务体系,可以将非遗项目传承和传播推向新的高度。

第二节 媒体数字化时代非遗项目的有效传播方式

一、媒体数字化时代非遗项目传播的探索基调

(一)更新非遗数字化传播理念

在媒体数字化时代,非遗项目的传播不再局限于传统方式,数字化传播已成为其中最重要的途径之一。在这种背景下,更新非遗数字化传播理念成为一个重要的探索方向。数字化传播是信息时代最重要的传播方式之一,具有快速、广泛、便捷等特点。数字化传播的方式多样,可以通过互联网、移动设备、社交媒体等多种渠道实现。在数字化传播的时代,非遗项目的传播也必须

第四章 媒体数字化时代非遗项目的有效传播

与时俱进，只有充分利用数字化传播的优势，才能更好地推广和传承非遗文化。

数字化传播不仅提供了更广泛的传播渠道，还可以带来更多创新性。比如可以通过虚拟现实技术、增强现实技术等手段，将非遗项目呈现在数字化平台上，让观众获得更直观、生动的体验。同时，数字化传播还可以实现非遗项目的互动传播，通过社交媒体等平台，让观众参与非遗项目互动，增强观众的参与感和体验感。

数字化传播的方式多样，可以通过不同的平台和渠道实现。比如可以通过微信公众号、微博、短视频等平台传播非遗项目。同时，数字化传播还可以通过在线展览、短视频、直播等形式，将非遗项目呈现在观众面前，让观众更方便地了解和学习非遗文化。虽然数字化传播有很多优点，但也存在一些挑战。比如数字化传播的信息量很大，观众容易产生信息过载现象；数字化传播的信息真实性也较难保证，容易受到不实信息的干扰。因此，在数字化传播的过程中，需要注意信息的真实性和准确性，同时也需要关注观众的接受能力和情感需求。

数字化传播是未来非遗项目传播的重要趋势之一，它将成为非遗项目推广和传承的重要手段。随着技术的不断发展和创新，数字化传播还将出现新的形式和方式。因此，非遗项目的传承人和推广者需要不断更新数字化传播理念，紧跟数字化时代的发展，开辟数字化传播的新领域。

总之，更新非遗数字化传播理念是媒体数字化时代非遗项目传播的重要探索方向。数字化传播的重要性、创新性、多样性、挑战性和未来发展的可能性，为我们提供了更多思考和探索的空间。在数字化传播的过程中，我们在充分利用数字化传播优势的同时，也要注意数字化传播的挑战和不足，不断更新数字化传播理念，推动非遗文化的传承和发展。

（二）创新非遗传播数字化内容

为了更好地传承和弘扬非遗文化，创新非遗传播的数字化内容已经成为非遗项目传播的重要探索方向。下面将从媒体数字化时代的背景、非遗传播的现状、数字化非遗传播的意义、数字化非遗传播的模式和数字化非遗传播的展望等方面进行说明。

在媒体数字化时代，信息技术和互联网技术的发展使得人们在信息获取、传播和交流方面拥有了更广泛和快捷的渠道，也使得文化传承与传播面临着新的挑战和机遇。非遗文化是中国传统文化的重要组成部分，是中华民族文化瑰宝，但也面临着传承困难、传播渠道狭窄等问题。因此，在媒体数字化时代下，创新非遗传播的数字化内容已经成为非遗项目传播的重要探索方向。

在以往，非遗传播形式往往只局限于传统的文化场所和传统的媒体渠道，而观众对非遗文化的接受度很低，难以产生持久的影响。因此，非遗传播需要拓宽传播渠道，创新传播形式。数字化非遗传播是指通过数字化技术，将非遗文化内容与互联网、移动互联网等数字化媒介紧密结合起来，实现非遗文化的传播和弘扬。数字化非遗传播的意义在于，可以拓宽非遗传播渠道，提高非遗文化的传播范围和传播效果，增强非遗文化的吸引力和影响力，同时也可以促进非遗文化的传承和保护。

数字化非遗传播的模式可以分为两种：一是通过数字化媒介传播非遗文化内容；二是通过数字化技术创新非遗文化形式。对于前一种模式，可以通过互联网、移动互联网、社交媒体等数字化媒介，建立非遗文化的传播平台，将非遗文化内容进行数字化处理后进行传播。对于后一种模式，可以通过虚拟现实、增强现实、人工智能等数字化技术，创新非遗文化的展示形式，提高传统非遗文化的吸引力和互动性。比如可以通过虚拟现实技术，将非遗文化内容呈现在虚拟的场景中，让观众身临其境地感受非遗文化

第四章 媒体数字化时代非遗项目的有效传播

的魅力。

数字化非遗传播是非遗文化传承与发展的重要途径,其前景十分广阔。随着媒体数字化技术的不断发展和应用,数字化非遗传播的形式和内容将会更加丰富多样,数字化非遗文化产品的市场空间也将会更加广阔。同时,媒体数字化传播也将促进非遗文化的传承和保护,实现非遗文化的活化利用和创新发展。

总之,创新非遗传播的数字化内容是媒体数字化时代非遗项目传播的重要探索方向。数字化非遗传播可以拓宽非遗传播渠道,提高非遗文化的传播范围和传播效果,增强非遗文化的吸引力和影响力,同时,也可以促进非遗文化的传承和保护。未来,数字化非遗传播的形式和内容将会更加丰富多样,数字化非遗文化产品的市场空间也将会更加广阔。

（三）强调媒体数字化与媒体传播的融合深度

近年来,随着数字化技术的迅速发展,非遗数字化发展与媒体传播的融合已成为非遗项目传播的重要探索方向。媒体数字化时代的到来不仅为非遗传承和保护带来了新的机遇和挑战,同时也为非遗项目的传播提供了更加广泛的空间和渠道。强调非遗数字化发展与媒体传播的融合深度,正是为了更好地利用数字化技术和媒体传播手段,推动非遗项目的传播和发展。

非遗数字化发展与媒体传播的融合能够促进非遗项目的传承和保护。非遗项目作为一种文化遗产,需要得到广泛的传承和保护,而数字化技术和媒体传播手段能够将非遗项目的传承和保护工作做得更加全面和深入。比如数字化技术可以将非遗项目的传承过程进行记录和保存;媒体传播手段可以将这些记录和保存以更加生动、形象的方式传播出去,进而提高公众对非遗项目的认识和理解。这些工作的开展不仅能促进非遗项目的传承和保护,也能为非遗项目的传播奠定更加坚实的基础。

非遗数字化发展与媒体传播的融合能够扩大非遗项目的传播范围和传播效果。传统的非遗传播方式受限于时间、空间等因素，很难做到全面、深入地传播，而数字化技术和媒体传播手段的出现，则为非遗项目的传播提供了更加广泛的空间和渠道。通过数字化技术和媒体传播手段，可以将非遗项目的传播范围扩大到全国乃至全球。比如通过网络直播等方式，可以让更多的人参与到非遗项目的传播中来，让非遗项目在更广泛的受众中得到传播和认可。

非遗数字化发展与媒体传播的融合能够提升非遗项目的传播质量和传播效率。数字化技术和媒体传播手段的应用可以提高非遗项目传播的效率和质量。比如通过数字化技术的应用，可以将非遗项目的内容进行分类、整理，使得传播过程更加有序、高效，而媒体传播手段则可以通过多媒体、互动等方式，将非遗项目的传播效果提升到更高的水平。

强调非遗数字化发展与媒体传播的融合深度，旨在充分利用数字化技术和媒体传播手段推动非遗项目的传播和发展。在当今，非遗项目的传承和保护、传播范围和传播效果、传播质量和传播效率等方面，都需要借助数字化技术和媒体传播手段的应用来不断探索和创新，以适应媒体数字化时代的发展需求。

二、媒体数字化时代非遗项目传播方式个例分析

（一）甘肃地区非遗数字化保护与媒体传播情况

甘肃地区是我国非物质文化遗产资源比较丰富的地区之一，其中包括丰富的传统技艺、民俗文化和口头传统等。为了更好地保护和传承这些非遗，数字化保护和媒体传播成了不可或缺的手段。下面将从甘肃非遗数字化保护与传播现状、甘肃非遗数字化保护中存在的问题和甘肃非遗数字化保护的优化策略三个方面，

第四章 媒体数字化时代非遗项目的有效传播

分析甘肃地区非遗数字化保护及媒体传播的情况。

1. 甘肃非遗数字化保护及传播现状

非遗资料的数字化整理是非遗数字化保护和媒体传播的基础。甘肃地区非遗数字化保护和媒体传播的第一步是对非遗资料进行数字化整理。目前，甘肃地区已经在这方面取得了一些成果。比如甘肃省文化和旅游厅联合多家单位，开展了"甘肃非物质文化遗产数字化资源建设"项目，组织人员对甘肃地区的非遗资料进行了数字化整理，并建立了非遗数字资源库。

虚拟博物馆是数字化保护和传播非遗的重要手段之一。甘肃地区也在这方面进行了积极的尝试。比如兰州市文化和旅游局建立了"兰州非遗数字博物馆"，通过数字化技术，将兰州市的非遗文化展示在互联网上。这个虚拟博物馆包括多个板块，如非遗展示、非遗传承、非遗教育等，让人们可以更加便捷地了解和学习兰州市的非遗文化。

微信公众号是数字化保护和传播非遗的重要渠道之一。通过微信公众号，可以将非遗文化传播到更广泛的受众群体中。甘肃地区也在这方面进行了积极的尝试。比如甘肃省文化和旅游厅开设了"甘肃文化和旅游"微信公众号，通过该公众号，向公众展示甘肃地区的非遗文化，宣传非遗保护和传承的重要性。

目前，甘肃地区在非遗数字化保护和媒体传播方面已经取得了一定的成果，但仍然存在一些不足。比如数字化整理的范围还不够广泛，虚拟博物馆的互动性还需要进一步提高，微信公众号的宣传力度还可以增强。因此，甘肃地区应该继续加大非遗数字化保护和媒体传播的力度，不断地完善相关的技术手段和宣传渠道，让更多的人了解和关注甘肃地区的非遗文化，为非遗的传承和发展提供更好的保障。

2. 甘肃非遗数字化保护与媒体传播中存在的问题

甘肃地区是一个非常重要的非遗文化保护区域，这里保留了大量的非遗文化,包括传统手工艺、传统节日、传统音乐、传统舞蹈等。然而,在数字化保护和媒体传播方面,仍有一些非遗文化并没有得到很好的保护和传承。

文化管理部门的管理缺位是限制非遗数字化保护和媒体传播的第一个问题。虽然甘肃地区有很多非遗文化,但由于缺乏专业的管理部门,使得这些非遗文化并没有得到很好的保护和传承。文化管理部门的缺位导致许多非遗文化的数字化保护和媒体传播计划无法有效实施,从而无法更好地宣传和推广这些非遗文化。因此,政府需要加强对文化管理部门的投入,提高他们的专业性和管理能力,以更好地保护和传承非遗文化。

政府主导非遗数字化传播体系尚未成形是限制非遗数字化保护和媒体传播的第二个问题。在媒体数字化时代,政府应该扮演重要的角色,促进非遗文化的数字化保护和媒体传播。然而,甘肃地区的政府主导非遗数字化传播体系尚未成形,这导致非遗文化的数字化保护和媒体传播计划缺乏统一的规划和指导。政府应加强对非遗数字化传播的引导和规范,制定相关政策,建立数字化传播平台,以加强非遗文化数字化保护和媒体传播的统一性和规范性,从而更好地促进当地非遗文化的传承和发展。

非遗数据库建设尚不规范也是限制非遗数字化保护和媒体传播的第三个问题。在媒体数字化时代,非遗文化的数字化保护和媒体传播需要建立非遗数据库,以更好地保存和传承这些非遗文化。然而,甘肃地区的非遗数据库建设尚不规范。一些非遗文化的数字化资料仅存在于个人电脑或网络上,缺乏统一的管理和规范的建设。政府应加强对非遗数据库建设的引导和规范,制定相关政策,建立统一的非遗数字化数据库,以更好地保存和传承非遗文化。

非遗数字化展示形式不足也是限制非遗数字化保护和媒体传播的第四个问题。在媒体数字化时代,非遗文化的数字化保护和媒体传播需要多种展示形式，比如数字化博物馆、数字化展览、数字化文化活动等。然而，甘肃地区的非遗数字化展示形式不足，一些非遗文化的数字化展示仅存在于个人微信公众号或个人网站上，缺乏统一的展示平台和规范的展示形式。政府应加强对非遗数字化展示形式的引导和规范，制定相关政策，建立统一的非遗数字化展示平台，以更好地推广和宣传非遗文化。

3. 甘肃非遗数字化保护的优化策略

（1）应加强文化管理部门建设，提高专业性和管理能力

政府应该增加对文化管理部门的投入，提升他们的专业性和管理能力，以更好地保护和传承非遗文化。文化管理部门应制定非遗数字化保护和传播的规划和指导，引导和规范非遗数字化保护和传播工作。

（2）应改变保护思路，重视政府主导非遗数字化传播体系建设的重要性

政府应建立主导的非遗数字化传播体系；制定相关政策，加强对非遗数字化传播的引导和规范；建立数字化传播平台，加强非遗文化数字化保护和传播的统一性和规范性，以更好地促进非遗文化的传承和发展。

（3）应奠定稳固基础，规范非遗数据库建设标准

政府应加强对非遗数据库建设的引导和规范，建立统一的非遗数字化数据库，以更好地保存和传承非遗文化；加强对非遗数字化资料的采集和整理，确保非遗数字化数据库的完整性和准确性。

（4）应与时俱进，保证非遗数字化展示形式的多样化

政府应加强对非遗数字化展示形式的引导和规范，建立统一的非遗数字化展示平台，推广多种数字化展示形式，比如数字化博物馆、数字化展览、数字化文化活动等，以更好地推广和宣传非文化遗产文化。

(5)应持续加强非遗数字化保护和传播的宣传力度

政府应加强对非遗数字化保护和传播的宣传力度,提高公众对非遗数字化保护和传播的认识和关注度。可以通过举办非遗数字化保护和传播的活动、制作宣传片等方式,加强非遗数字化保护和媒体传播的宣传力度,以更好地推广和宣传非遗文化。

(二)广西地区非遗数字化传播情况——以传统戏剧为例

广西地区是中国南方的一个多民族地区,拥有丰富的传统文化遗产,其中传统戏剧是非常重要的一部分。目前,传统戏剧非遗的数字化保护及媒体传播已经成为一个热门话题,这不仅可以保护和传承传统文化,而且有助于推广和传播文化。下面将从广西地区传统戏剧非遗数字化传承现状、广西地区传统戏剧非遗数字化传承问题和广西地区传统戏剧非遗数字化传承优化策略三个方面分析广西地区传统戏剧非遗数字化保护及传播现状。

1. 广西地区传统戏剧非遗数字化传承现状

对于传统戏剧非遗的数字化保护来说,教学视频及现场视频录制是非常重要的一环。教学视频是由专业的戏剧教育者录制的有关传统戏剧的教学视频。现场视频录制是在戏剧表演现场录制的视频。这两种视频可以用于数字化保护和媒体传播传统非遗戏剧。在广西地区,一些文化机构已经开始录制传统戏剧的教学视频和现场表演视频,这些视频已成为非常重要的数字化保护材料,在用于培训年轻的演员、教师和研究者的同时,也可以用来传播文化,还可以通过互联网和其他数字媒体进行传播,让更多人了解和欣赏传统戏剧。

公共共享平台建设是传统戏剧非遗数字化保护及传播的另一项关键工作。公共共享平台可以让人们共享有关传统戏剧的信息和资源,这有助于保护和传承传统文化。在广西地区,公共共享平台的建设已初步实现，包括专门的网站等。这些公共共享平台可以为传统戏剧非遗的数字化保护和媒体传播提供重要支持，可以让人们在线观看传统戏剧的表演视频、浏览传统戏剧的历史和文化背景，同时，也可以让人们分享自己的观点和经验，进而促进传统戏剧的教学和研究，推动传统戏剧非遗的传承和发展。

新媒体宣传是传统戏剧非遗数字化保护及传播的另一个重要方面。新媒体可以为传统戏剧非遗的传播提供更广阔的平台，包括社交媒体、视频分享网站、博客和在线论坛等。在广西地区，媒体传播在传统戏剧非遗的宣传和推广中已经开始推行。文化机构会在社交媒体上发布传统戏剧的图片和视频，同时，也会在视频上分享网站上发布传统戏剧的表演视频。这些宣传活动可以让更多的人了解和欣赏传统戏剧，从而推进传统戏剧非遗的数字化保护和媒体传播。

总结一下，在广西地区，传统戏剧非遗数字化保护及媒体传播已成为一个重要的话题。教学视频及现场视频录制、公共共享平台建设和新媒体宣传是实现数字化保护和媒体传播的三个重要方面。这些工作可以促进传统戏剧非遗的传承和发展，同时，也有助于推广和传播传统文化。我们应继续加强数字化保护和媒体传播的工作，为广西地区传统戏剧非遗的传承和发展作出更大的贡献。

2. 广西地区传统戏剧非遗数字化传承问题

广西地区是中国传统戏剧非遗资源较为丰富的地区之一，其中包括了粤剧、桂剧、彩调等多种戏曲剧种。这些戏曲剧种都是广西地区独特的文化遗产，具有较高的历史价值和文化内涵。然而，随着时代的发展和人们文化观念的改变，这些传统戏剧非遗资源的保存和传承也面临着一些挑战。其中，数字化保护及媒体传播的问题尤为突出。

戏曲剧种采集不全面是数字化保护及媒体传播面临的第一个

问题。在广西，由于戏曲剧种的多样性和分布范围的广泛性，很多戏曲剧种的采集工作没有得到全面的开展，因此，在数字化保护及媒体传播方面存在很大的不足。对于那些没有得到全面采集的戏曲剧种来说，数字化保护及媒体传播的难度会更大，也更容易出现资料的丢失和损坏。

缺少传承人参与是数字化保护及媒体传播面临的第二个问题。由于传统戏剧非遗资源的传承方式主要是口传心授，所以，在数字化保护及媒体传播方面，传承人的参与是至关重要的。然而，由于一些传承人对于数字化技术的不熟悉或缺乏相关的培训，使得他们往往不能够积极参与数字化保护及媒体传播的工作，这也导致了数字化保护及媒体传播的效果不佳。

传播力度有待提升是数字化保护及媒体传播面临的第三个问题。广西地区的传统戏剧非遗资源非常丰富，但是在数字化传播方面存在很大的不足。一方面，由于数字化技术的发展比较缓慢，导致数字化传播的速度也很慢；另一方面，由于数字化传播的成本较高，很多传统戏剧非遗资源的数字化传播都没有得到很好的推广和宣传，从而使得数字化保护及媒体传播的效果大打折扣。

目前，广西地区传统戏剧非遗数字化保护及媒体传播面临着许多困难和挑战。只有通过加强相关的政策支持和资金投入，积极推进数字化技术的研发和应用，加强传承人的培训和参与等措施，才能更好地保护和传承广西地区传统戏剧非遗资源，以此推动广西地区文化遗产的保护和传承工作。

3. 广西地区传统戏剧非遗数字化传承的优化策略

广西传统戏曲作为中国非物质文化遗产的重要组成部分，具有悠久的历史和丰富的文化内涵，是中国文化的瑰宝之一。然而，随着社会发展和文化多元化的趋势，广西传统戏曲的传承和发展面临着巨大的挑战。为了推动广西传统戏曲的传承和发展，实现非遗数字化共享，广西地区应采取多项策略来优化非遗传统戏曲

第四章 媒体数字化时代非遗项目的有效传播

的数字化共享。

首先,应建设数字化平台,整合和管理广西传统戏曲的音频、视频等数字化资源,以方便便捷地进行数字化共享。通过数字化技术的应用,传统戏曲的表演、音乐、舞蹈等元素可以被准确地记录和保存下来,为后人学习和欣赏提供便利。另外,数字化平台还可以提供在线观看和下载等功能,使更多的人能够方便地接触和了解广西传统戏曲。其次,广西地区可以举办传统戏曲的表演和比赛活动,以提高广西传统戏曲的知名度和影响力。这些活动可以为传统戏曲的传承和发展提供展示和交流的平台,同时,也可以吸引更多的观众参与和支持。通过在各类文化节庆等活动中进行演出,广西传统戏曲的传播渠道可以得到拓展,从而提高传播效率。其次,广西地区应鼓励戏曲传承人参与数字化保护工作,以提高数字化保护的专业性和准确性。戏曲传承人对于传统戏曲的各个方面有着深入的了解和研究,他们的参与可以为数字化保护提供宝贵的专业意见和建议。这样的参与不仅可以提高数字化保护的质量,还可以加强数字化保护与传统文化传承之间的联系,促进传统文化的传承和创新。最后,政府和社会各界应该加大对本地戏曲数字化转化及传播推行的支持力度。政府可以制定相关政策,支持传统戏曲的数字化转化和传播,提高传统戏曲的文化价值。同时,社会各界也应该积极参与传统戏曲的传承和推广,加强与传统戏曲相关的社会组织和文化机构的合作,共同推动传统戏曲的发展。

总之,通过数字化技术的应用、传播渠道的拓展、戏曲传承人的参与以及政府和社会的支持,可以优化广西传统戏曲的数字化转化及传播质量与效率,推动广西传统戏曲的传承和发展,让更多的人了解和喜爱传统文化。

第五章　媒体数字化时代影视艺术的发展传播

第一节　媒体数字化时代影视艺术创作的数字化

数字化在影视艺术创作领域的运用自20世纪80年代开始，经历了从传统媒体时代到现如今的新媒体时代的发展过程。它被视为影视创作的一次革命性的新飞跃，也是继画面影像从无声到有声、从黑白到彩色之后的又一次变革。数字化不是在影视艺术创作的某一个小环节中蜻蜓点水，而是已经广泛并深入地参与了创作的每一个过程和各个领域。

在媒体数字化时代的影视创作中，"数字化技术"已经成为一个熟悉的概念。从影视创作的前期准备、现场拍摄到后期制作，数字化技术都时刻影响和促进着影视创作的发展。数字化技术为影视艺术创作注入了新鲜的活力，提供了新颖的制作手段。同时，数字化还在改变传统制作技艺的基础上，提高了制作效率，并且对影像的美学特征及创作观念均产生了强烈的冲击[1]。

数字化在影视艺术创作的整个工艺流程中，可以分为前期准备、现场制作和后期处理三个阶段。在前期准备阶段，数字化技

---

[1] 安静.浅谈新媒体时代影视艺术的数字化[J].戏剧之家，2018(19):1.

第五章 媒体数字化时代影视艺术的发展传播

术可以通过虚拟场景设计、特效预演等方式,对影片的场景、剧情、角色等进行精细塑造和创作预演。在现场制作阶段,数字化技术可以通过高速摄像机、追踪设备等工具帮助导演和摄影师快速捕捉场景中的信息,以便在后期制作中更好地加工和编辑每一帧画面。在后期处理阶段,数字化技术可以通过后期特效合成、调色等操作,更加细致地渲染画面,强化人物情感表达,加强画面的戏剧性和真实感。

在数字化的帮助下,影视艺术创作得以更加深入,平面化的障碍得以打破。对创作者来说,数字化技术的运用不仅可以让他们在影视艺术创作中的原创性和技巧上实现更大的突破,而且还能对电影和影片的质量和效率作出根本性的提升。因此,数字化技术在影视艺术创作领域中的碰撞和创新,不断地激发着人们对科技、创造力和想象力的无限探索和追求。

一、影视艺术创作的数字化前期准备

(一)剧本创作的准备

数字技术的发展使得媒体数字化时代到来,影视艺术也进入了全新的数字化时代。在这个时代,剧本创作作为影视艺术的重要组成部分,也面临着数字化的挑战与变革。下面将探讨媒体数字化时代下,影视艺术的数字化剧本创作的流程、计算机软件的应用及相关技巧。

在数字化剧本创作中,准备工作仍然至关重要。编剧需要了解剧本的类型和风格,确定故事大纲。在这个过程中,收集资料是必不可少的,这些资料不仅能为编剧提供灵感和素材,还可以帮助他们了解市场和观众的需求。接着,进行人物角色设定,完善人物关系和性格。在编写剧本草稿的过程中,逐步完善并进行修改。当草稿达到一定成熟度后,对整个剧本进行排版、修改和润色，直至达到完美状态。

计算机软件的应用方面。随着计算机技术的不断发展，越来越多的编剧选择使用计算机软件进行剧本创作。以微软公司的 Office Word 为例，它在一定范围内已经取代了传统的纸笔写作，让编剧能够更轻松地进行数字化剧本创作。借助于计算机软件，编剧可以实现自动化的文本处理工作，提高效率。此外，使用合适的排版和格式，可以使剧本更加规范和清晰，这有助于不同创作者之间的交流和合作，如通过网络或其他渠道，可以下载其他同行业优秀的剧本模板，进行参考和借鉴。

在媒体数字化时代，影视艺术的数字化剧本创作已经成为趋势。通过计算机软件的应用和相关技巧的掌握，编剧能更加高效地进行数字化剧本创作。在这个过程中，剧本创作的准备依然重要，包括了解剧本类型和风格、收集资料、进行人物角色设定等。在数字化剧本创作中，注意结构和节奏、遵循逻辑和情感走向、注入代表性元素以及进行生动的细节描写等技巧都至关重要。

（二）资金管理的准备

数字化技术为影视剧的资金管理提供了便利和精确性，让制作方能更好地掌握和控制资金流动。数字化技术改变了资金管理的方式。在过去，资金管理主要依靠人力操作完成，这一过程烦琐、复杂且容易出现误差。现在，随着计算机的普及和数字化技术的应用，影视剧的资金管理变得更为简单和精确。比如可以利用专业的影视剧资金管理系统，通过计算机程序实现对预算、支出、收益等信息的统一管理，避免了过去烦琐的手工操作，从而降低了错误率并提高了效率。数字化技术还提供了更为方便的财务数据分析手段。通过对剧组资金的实时监控和数据采集，可以及时地掌握剧组的财务状况，对资金使用情况进行有效的评估和预测，以便及时调整预算和支出计划。此外，数字化技术还可以

第五章 媒体数字化时代影视艺术的发展传播

对剧组资金进行多维度的数据分析，比如按人员、按项目、按时间等不同维度进行统计分析，帮助制作方更好地了解成本结构，为今后的项目提供参考。

数字化技术还可以提高影视剧的市场竞争力。通过对历史数据的分析和预测，可以更好地掌握市场趋势和竞争状况，为影视剧的市场推广提供更为精准的策略支持。制作方可以利用数字化技术进行市场调研和数据分析，了解观众的喜好和需求，从而更好地定位和推广影视作品。

数字化技术可以为影视创作的资金管理提供了更多的便利和精确性，为制作方提供更好的资金管理手段和数据分析能力，进而提高影视剧的市场竞争力。这种数字化的趋势将继续推动影视行业的发展，为影视艺术带来更多创新和机遇。

（三）服务信息的准备

媒体数字化不仅提供了各种方便、快捷的工具和软件，还能帮助创作者更好地管理和利用各种服务信息，从而提高创作效率和创作质量。在影视创作过程中，准备服务信息是至关重要的一环。在拍摄过程中，需要使用各种信息，比如剧本、拍摄计划、演员、演职人员、外景地、影像资料等等。然而，这些信息的准备和管理通常需要耗费大量的时间和精力。幸运的是，数字化时代的到来为影视创作带来了各种方便、快捷的工具和软件，使得服务信息的准备更加高效和便捷。

数字化时代为影视创作提供了各种实用的服务数据库。这些数据库的建立，不仅方便了创作者在拍摄过程中搜寻所需的信息，还为创作者提供了更加全面和专业的支持。比如合同范文数据库为创作者提供了影视制作中需要签署的全部合同协议的模板和范本，演职人员数据库则存储了大量与影视制作相关的工作人员以及演艺人员的个人艺术经历和获奖信息。外景地数据库则提供了可选择的外景地的信息，影像资料数据库则支持通过互联网在世界范围内获取和发送影像、声音信息的功能。这些数据库的建立不仅为创作者提供了便利，还为影视艺术创作提供了丰富的可用资源，比如经典影片的精彩场景、画面、镜头集锦等。

此外，数字化时代还为影视创作提供了各种实用的工具和软件。比如剧本写作软件可以帮助创作者更好地管理和编辑剧本，拍摄计划软件可以帮助创作者更好地规划和安排拍摄进度，演员管理软件可以帮助创作者更好地管理和联系演员，外景地管理软件可以帮助创作者更好地追踪外景地的使用情况，等等。这些工具和软件的使用不仅可以提高影视创作的效率，还可以为创作者提供更加全面和专业的支持。

媒体数字化为影视创作提供了便利和精确性。通过各种实用的工具、软件和服务数据库，创作者能够更好地管理和利用各种服务信息，提高创作效率和创作质量。可以说，数字化时代的发展为影视创作者带来了更多的机遇和可能性，也推动了影视艺术的创新和发展。

二、影视艺术创作的数字化现场制作

（一）相关设备的控制

在媒体数字化时代，影视创作中机械设备的管理和控制变得尤为重要。计算机技术的广泛应用为影视创作提供了更高效、更精确的拍摄和照明设备控制方式，极大地提高了影视作品的质量。

计算机在摄影机的控制方面发挥了重要作用，通过计算机的操作，摄影机能够精确地捕捉画面，满足导演对画面质量的要求。在拍摄危险场景时，计算机控制的摄影机可以保证摄影师的人身安全，同时，也能精确地完成导演所要求的画面效果。此外，计算机还能将拍摄的画面存储在硬盘中，方便后期制作和编辑。数字化照明布光设备也为影视创作提供了许多便利，以演播室拍摄

第五章 媒体数字化时代影视艺术的发展传播

为例,为了拍摄出优美的画面,除了精心设计摄像机的摆放位置,还需要注意舞台布景的设计以及现场灯光的调度。计算机控制的数字化照明布光设备可以按照晚会节目单的流程进行预演和设计,并将这些信息存储在控制台上。在实际拍摄时,只需通过控制台的几个按钮就可以切换所需的灯光布景,无须进行复杂的操作,既节省了工作时间,又提高了拍摄效率,同时,也确保了拍摄质量的稳定性。

总之,媒体数字化时代为影视创作带来了机械设备管理和控制的创新。通过计算机技术的应用,摄影机和照明设备的控制变得更加高效、精确,提升了影视作品的质量和效果。这种数字化的机械设备管理方式,为影视创作者提供了更多的创作可能性和便利,推动了影视艺术的发展和创新。

(二)虚拟制作技术的运用

计算机图形学、计算机视觉和虚拟现实等技术的发展使得虚拟制作技术逐渐应用于影视制作领域。虚拟制作技术利用虚拟现实技术来模拟真实环境或创造虚拟环境,以实现更高效、更灵活、更真实的影视制作效果。

虚拟制作技术的主要优点在于突破了传统拍摄条件中布景、照明、道具、场地等的限制,提高了创作人员的自由性。在虚拟制作中,可以通过虚拟环境来模拟真实场景,从而避免了在实际拍摄过程中受到场地、天气、时间等的限制,大大地提高了影视制作的效率。同时,虚拟制作技术还可以通过实时渲染、动态模拟等技术,为影视制作带来更真实、更生动的视觉效果。虚拟制作技术在影视制作中的运用主要表现在以下两个方面。

1. 真实人物与虚拟环境相结合的形式

这种形式被广泛应用于电视节目制作中。比如通过抠像技术完成对演播室背景的替换,可以突破演播室在空间范围上的限制,既节约了布景、拆景的时间，同时又避免了布景单一的尴尬情况，给人带来新鲜感。这种形式在演播室的录像中非常常见。主持人坐在蓝色幕布前进行录像，经过后期色键抠像处理后，蓝色幕布消失，转而由节目新闻背景素材替代，营造出主持人身处于背景前主持的效果。同样，虚拟抠像技术也被广泛应用于新闻节目的异地采访中。

2.虚拟人物与真实环境相结合的形式

这种形式广泛应用于影视剧作品的拍摄中。首先，虚拟人物可以替代演员。在实际拍摄过程中，由于情节需要，难免会有一些危险的场景需要演员完成，尽管有专业替身演员存在，但为了安全考虑，可以使用虚拟人物，但仍需要由专业的团队提供技术支持。尤其是要注意拍摄现场的安全问题，避免出现各种拍摄事故[①]。

总之，随着计算机图形学、计算机视觉和虚拟现实技术的进步，虚拟制作技术在影视制作中的应用越来越广泛。虚拟制作技术的发展为影视创作者提供了更多创作可能性，也打破了传统制作的限制，为影视作品带来更为丰富、真实的视觉效果。

三、影视艺术创作的数字化后期处理

（一）非线性编辑技术

非线性编辑技术作为数字化时代的产物，给影视后期制作带来了新的思路和方式。下面将介绍非线性编辑技术的概念、优势以及在影视制作中的应用。

非线性编辑技术是相对于传统的线性编辑技术而言的。传统的线性编辑设备通常由放（录）像机、编辑（监视）器、切换台、

---

① 江岩，翁志清，张文俊.存储网络技术在数字化电影后期工业中的应用[J].现代电影技术，2010(9):5.

调音台、字幕机等组合而成。在传统的编辑方式中,编辑工作需要按照素材拍摄的时间先后顺序进行,如果需要对已经编辑好的某一段落进行修改,即使只是改动一点点,也需要重新组接该段落直至结尾的所有片段。这使得线性编辑工作变得复杂烦琐,耗费大量的人力和物力,并且多次修改可能会影响最终的影像质量。

非线性后期制作技术的出现规避了这种情况。它涵盖了电视技术和计算机技术的主要领域,将数字化和网络化引入影视编辑工作中,为影视后期制作注入了新鲜的血液,带来了全新的制作理念。非线性编辑系统的工作原理是将画面和声音转化为数据形式的文件信息,以计算机为操作平台,使用磁盘阵列等存储工具存储文件信息,并借助功能强大的软硬件辅助设备以及各种非线性编辑软件,对数字化的文件素材进行按需编辑、修改和处理,不再局限于时间顺序。

与线性编辑工作不同,在非线性编辑过程中可以任意调整、拖动素材,对画面和声音进行交叉跳跃式的组接,而不会影响已经编辑好的镜头段落。这在保证了影像质量的同时,使得视音频特效变得更加多样,编辑过程更加灵活,切换和过渡技巧也更加丰富。大量非线性编辑系统的广泛使用使得影视后期剪辑工作变得更加便捷、高效,从而缩短了拍摄周期并节省了成本。

目前,常见的非线性编辑系统有 Avid、Edit、Premiere 等,适用于不同平台,比如 PC、MAC 以及专业的工作站平台。此外,还有一些国产的非线性编辑软件,比如大洋、索贝系统等。这些软件在操作界面上可能有所不同,但在功能方面没有太大差异。以 EDIUS 非线性编辑软件为例,它具有实时混编能力,支持实时转换和编辑不同长宽比、帧速率、分辨率的素材,并支持各种高清格式,确保在编辑过程中保持卓越的图片品质。

在媒体数字化时代,非线性编辑技术在影视制作中的应用越来越广泛。它不仅使得影视制作更加高效、灵活,还为影视制作带来了更多的可能性。通过非线性编辑技术，影视制作人员可以更加自由地发挥他们的创意和想象力，制作出更加精彩的作品。

（二）计算机动画技术

计算机动画技术是利用计算机的二维和三维图形处理技术，通过动画软件直接生成或对一系列人工图像进行动态处理，生成一系列可供实时演播的连续画面。根据画面对象透视效果的不同，计算机动画可以分为二维动画和三维动画。二维动画主要应用于电视节目制作，而三维动画则在电影制作中更为常见。

计算机动画技术在影视艺术中有广泛的应用，包括与影视艺术相交融的领域。二维动画常用于民生新闻类节目和科教服务类节目的叙事中，通过动画形式讲述新闻内容，可以模拟难以还原的现场情景和复杂的冲突，避免了摆拍和人为真实再现的局限，从而保证了新闻的真实性，并提高了画面的可视性和视觉凝聚力。

在科教服务节目中，通过动画形式讲解科学和教育内容，可以使难以用语言和文字解释的概念更加形象化，更易于观众接受，同时也提升了节目的服务性，满足观众对节目"好看""好听""易看""易懂"的心理需求。

三维动画与影视艺术的交集主要体现在两个方面。一方面是三维动画与电视节目片头包装的结合。一个精美的片头犹如一个精心设计的门面，代表着一个节目的品位和风格。尽管二维动画操作简便且成本较低，但由于三维动画技术具有画面透视感强、特效操作灵活的优势，它被广泛应用于电视包装设计中。另一方面是三维动画与动画电影的结合。近年来，动画电影的发展备受关注，观众可以通过生动的人物表情和细微的行为动作感受到立体的视觉美感，体验到创作者的用心和努力。

因此，计算机动画技术在影视艺术中具有重要的地位和广泛的应用前景。通过计算机动画，影视制作人员可以创造出更加丰富、逼真和令人惊叹的视觉效果，为观众带来更加精彩和震撼的观影体验。

（三）数字合成技术

数字合成技术是指将不同的单一素材画面组合并表现成复合画面，通过对画面和声音的修饰与美化，为影像赋予更多的生命力。这项技术已经成为现代影视制作中广泛应用的一门技术。借助于数字技术和计算机平台，数字合成技术能将多个单一素材画面进行组合，通过进一步地修饰和美化，创造出复合画面。

数字合成技术的应用范围非常广泛，既可以用于影视制作中的隐性合成效果，也可以用于显性的合成效果。隐性合成效果主要是通过将多组摄像机拍摄的镜头或资料画面合成到一个画面或一组镜头中实现。比如《阿甘正传》中的镜头，阿甘与已故美国总统握手交谈的场景就是典型的多个实拍画面合成作品。通过将总统与其他人会见的素材资料称为A素材，然后将扮演阿甘的演员汤姆·汉克斯在幕布前做握手状的B素材，利用计算机软件对A、B素材进行抠像处理合成，从而创造出一个再现历史的经典场景。此外，影片片头和片尾中多次轻舞飞扬的羽毛也是由多个实拍镜头组合而成的，飞舞的羽毛使整个作品更加生动，让观众感受到其中不仅仅有羽毛的舞动，还有美丽的人生。

数字合成丰富了观众的审美体验，满足了他们对新奇创新的追求。因此，数字合成软件的使用也备受影视艺术创作者的关注。目前市场上较主流的数字合成软件包括Inferno、Flame、Flint以及Digital Fusion、Combustion、After Effects等。前三种属于大型的非压缩影视合成制作系统，对后期编辑操作系统的硬件设备要求较高，但具备强大的数字处理和合成功能，因此，被专业工作人员广泛应用于电影、电视剧、高清广告片等产品的制作中。相比之下，后三种属于中型专业系统，功能强大且价格较为实惠，因此被广大个人计算机用户和影视制作爱好者所使用。

在媒体数字化时代,数字合成技术已经成为影视创作中不可或缺的一部分。它为影视制作带来了无限的可能性和创造力,使得创作者能够更自由地表达自己的想法和创意,数字合成技术的应用也使得影视作品的呈现形式更加丰富多样,给观众带来了更加震撼和深刻的视觉体验。

第二节　媒体数字化时代影视艺术传播的数字化

一、数字化的影音品质

（一）更高的传播精度

随着数字技术的发展,数字信号的传输成为可能。相比于模拟信号,数字信号具有更高的传输精度和抗干扰能力。在数字系统中,数字信号能够避免模拟信号传输中的串台、串音、重影等问题,实现高保真传输。在媒体数字化时代,影视艺术的传播也受益于数字技术的发展,数字信号的传输使得影视作品的图像更加清晰、音质更加优质,让观众获得更出色的观赏体验。同时,数字信号的传输也能够避免信息的干扰和篡改,确保信息的安全性和可靠性。

此外,媒体数字化还具备更加灵活的传播方式,通过互联网、移动设备等媒体数字化平台,观众可以随时随地观看影视作品,并根据个人喜好选择不同的播放平台和观看方式。这种灵活的传播方式让影视作品得以更广泛地传播,让更多的人了解和欣赏到优秀的影视作品。

第五章 媒体数字化时代影视艺术的发展传播

总而言之，媒体数字化时代为影视艺术的传播带来了更多的机遇和挑战。数字化技术的运用可以提升影视作品的传播精度和效果，让观众获得更卓越的观赏体验。

（二）更大的传播量度

媒体数字化时代影视艺术的传播拥有更大的传播量度。随着科技的发展，数字媒体已经成为影视艺术传播的主要方式，它不仅提高了影视艺术传播的效率，而且也大大增加了自身的传播量度。

1. 数字媒体可以提供更多的传播渠道

数字媒体为影视艺术的传播提供了更多的渠道。如今，越来越多的人开始使用网络和移动设备，而这些数字媒体成了影视艺术传播的新兴渠道，为影视艺术传播带来了全新的机遇和挑战。比如电影可以在线售票并在网络上播放，观众可以在家中观看。这不仅提高了电影的传播效率，也大大增加了电影的观众数量。此外，数字媒体的另一个重要特点是不受地域限制。

随着数字技术的应用，影片的制作和传播已经超越了地域和语言的限制，许多影片不仅在本国得到广泛的播放，还在全球范围内引起了广泛的关注和热议。数字媒体让观众能够跨越时空和地域的限制，随时随地欣赏到各国的优秀影视作品。这种全球化的传播方式不仅为观众提供了更多选择，也促进了不同文化之间的交流和理解。

总之，数字媒体为影视艺术的传播开辟了更广阔的平台。通过网络和移动设备，观众可以方便地获取和观赏影视作品，而数字技术的应用也打破了地域和语言的限制，使影片的传播更加全球化。

2. 数字媒体可以实现精准传播

数字媒体可以让影视艺术的传播更具精准性。传统电影和电视广告的推广需要较长时间，且受众面广，而数字媒体可以更加精准地定位受众，在把握受众的喜好和需求的基础上，运用先进的技术和算法进行广告推送和分析。数字媒体能够根据不同的受众群体，通过不同的传播渠道，对影视艺术进行精准的传播。比如《霍比特人》系列电影充分利用了社交媒体和博客等传播方式，吸引了广大影迷的关注。数字媒体的推广手段之一是通过分析受众的兴趣和行为数据，选择合适的传播渠道和内容，将影视作品精准地推送给目标受众，强化宣传效果和影片的知名度。

此外，数字媒体还可以实现电影票务的智能化。借助大数据分析消费者的兴趣点和观影偏好，可以重新上线一些老电影，并采取一系列措施来制造话题、增加宣传效果，从而提高影视艺术的传播效果。通过智能化的电影票务系统，观众可以方便地获取信息、购票和观影，提高了观影体验和传播的便捷性。

总的来说，数字媒体为影视艺术的传播提供了更具精准性的渠道和手段，通过数字媒体的定位和分析能力，可以精准地将影视作品传播给目标受众，强化宣传效果和观众参与度。数字媒体的智能化应用还能够优化票务系统，提升观影体验，增加影片的知名度和传播效果。这些数字媒体的特点和应用为影视艺术的传播带来了更多的精准性和效益。

3. 数字媒体让影视艺术传播更具有互动性

数字媒体的互动性为影视艺术的传播带来了新的可能。数字媒体不仅实现了影视艺术的单向传播，还能够促进双向互动。观众可以参与到影视艺术的传播中，增加与影视作品之间的互动，使传播过程更加有趣和参与性。比如电影院可以通过赠送观众手办、影票等方式进行互动。这种互动可以增加观众的参与感和忠诚度，让他们更加积极地参与影视艺术的推广和传播。此外，在电影播映之前，还可以进行问卷调查，以更好地了解观众的需求和喜好，从而提供更符合观众口味的电影内容和服务。

第五章 媒体数字化时代影视艺术的发展传播

数字媒体还可以通过社交媒体和在线平台实现与观众的互动。观众还可以通过评论、分享和讨论影视作品，与其他观众进行交流和互动。影视制作方也可以通过数字媒体平台与观众进行互动，收集反馈意见和建议，不断地改进和创新作品。

总的来说，数字媒体的互动性使得影视艺术的传播更加活跃和有趣。与影视作品进行互动交流，增加了观众的参与感和忠诚度，同时，数字媒体的互动性也为影视制作方提供了更多了解观众需求的机会，可以根据观众反馈进行调整和改进，提高传播效果。

随着媒体数字化时代的到来，数字媒体的互动特性将在影视艺术的发展中，发挥着越来越重要的作用，推动影视艺术与观众之间的更加紧密的连接。

（三）更广的传播维度

在媒体数字化时代，影视艺术的传播拥有了更广泛的维度。数字化技术为影视艺术带来了更多的可能性，使其能更加深入地渗透到人们的日常生活中。数字化的影视艺术作品可以通过各种网络平台进行传播，比如视频网站、社交媒体等。这些平台拥有庞大的用户群体，使得影视艺术作品能够迅速传播到全球范围内。观众可以通过在线评论、投票等方式参与其中，成为影视艺术传播的积极参与者，而不再是被动的接受者。

移动设备的普及也为影视艺术作品的传播提供了更多的机会。人们可以在任何时间、任何地点通过移动设备观看自己喜欢的影视作品，这使得影视艺术作品能够更广泛地接触到观众，增加了影片曝光率和影响力。此外，虚拟现实技术的应用为影视艺术传播带来了全新的体验，观众可以通过虚拟现实技术身临其境地参与到影视作品中，获得更加身临其境的观赏体验。虚拟现实技术为影视艺术创造了更加沉浸式的环境，使观众能够更加深入地感受和理解影视作品所传达的情感和故事。

总之,数字化媒体时代为影视艺术的传播带来了更广泛的维度。通过网络平台、移动设备和虚拟现实技术等渠道,影视艺术作品可以更加迅速地传播到全球范围内,观众也可以更积极地参与其中,享受更丰富的观赏体验。这些数字化的传播方式为影视艺术的发展和普及提供了新的机遇和挑战,推动了影视艺术在媒体数字化时代的进一步发展。

二、数字化的收视平台

(一)数字电视平台

数字电视平台是媒体数字化时代中影视艺术的重要传播途径。数字电视平台通过卫星、有线、无线等方式接收数字信号,并将其解码后通过电视或其他显示设备播放。它具有多种功能,比如观看直播节目、回放节目、点播节目、下载节目等。观众可以通过数字电视平台观看高清、超清、3D等高质量的影视内容,最新的电影、电视剧、纪录片等。此外,数字电视平台还能提供多种语言选择,满足不同国家和地区观众的需求。制作方可以通过数字电视平台发布预告片、花絮、访谈等宣传资料,吸引更多观众的关注。数字电视平台还可以为制作方提供数据分析,帮助他们了解观众的喜好和需求,从而制作出更加符合观众口味的影视作品。尽管数字电视平台为观众和制作方提供了更多的选择和便利,但数字电视平台也面临一些挑战。其中之一是版权保护机制需要加强,以防止盗版行为的发生。另外,数字电视平台的收费机制也需要更加透明和公正,以增强观众对平台的信任度,确保数字电视平台的可持续发展。

综上所述,数字电视平台在媒体数字化时代中扮演着重要角色,为影视艺术的传播提供了广泛的渠道。通过数字电视平台,

第五章 媒体数字化时代影视艺术的发展传播

观众可以观看高质量的影视内容,而制作方通过宣传和数据分析能更好地满足观众的需求。但是,为了保护版权和确保收费机制公平,还需要加强监管措施,以促进数字电视平台的可持续发展。

（二）网络媒体平台

网络媒体平台作为数字化时代的新兴媒体,为影视艺术的传播提供了新的途径和机会。网络媒体平台是基于互联网技术的数字化媒体平台,包括网站、社交媒体和移动应用等。它具有传播速度快、覆盖面广、互动性强等特点,能够满足用户多样化的信息获取和娱乐消遣需求。在影视艺术的传播中,网络媒体平台的作用越来越重要。

网络媒体平台为影视作品提供了更多的展示机会。通过推荐、排行榜、专题等形式,网络媒体平台能够将优秀的影视作品推荐给更多的用户,提高作品的知名度和影响力。

网络媒体平台为影视作品提供了更多的互动方式。用户可以通过评论、弹幕、打分等形式与作品进行互动,表达自己的观点和情感,提高用户参与度和黏性。

网络媒体平台为影视作品提供了更多的商业合作机会。通过品牌合作、广告投放、付费观看等形式,影视作品可以获得更多的商业收益,促进影视产业的发展。

然而,网络媒体平台也面临一些问题。首先,竞争激烈,如何吸引和留住用户成为重要问题。其次,监管难度较大,存在一些不良信息和侵权行为,需要加强管理和治理。最后,商业模式还需要进一步完善,如何平衡商业化和艺术性之间的关系需要进一步探索。

网络媒体平台作为数字化时代的新兴媒体,为影视艺术的传播提供了新的途径和机会。在未来的发展中,我们需要进一步探索网络媒体平台在影视艺术传播中的潜力和价值,同时,也需要关注和解决相关问题，促进影视艺术的繁荣和发展。

（三）移动媒体平台

移动媒体平台作为一种新兴的传播方式，已逐渐成为影视作品传播的重要途径之一。移动媒体平台包括手机、平板电脑、电子阅读器等各种移动设备。这些设备小巧轻便、功能强大，使人们能够随时随地获取各种信息，包括影视作品。在移动媒体平台上，影视作品的传播形式更加多样化。除了传统的电影、电视剧，还有微电影、短视频、网络剧等新兴的影视作品形式。这些作品形式短小精悍，适合在移动媒体平台上传播，并更容易吸引观众的注意力。

移动媒体平台具有很强的互动性，观众可以在观看影视作品的同时，与其他观众进行交流和讨论。这种互动性不仅增强了观众的参与感，也为影视作品的传播提供了更多机会。在移动媒体平台上，影视作品的传播效果可以得到更好的监测和评估。通过数据分析，制作者可以了解观众的喜好和观看行为，从而更好地调整影视作品的制作和传播策略。

然而，移动媒体平台也面临一些挑战和问题。比如移动设备的屏幕尺寸较小，有时会影响观众的观看体验。此外，移动媒体平台的版权保护问题也需要得到更好的解决。未来，随着媒体数字化技术的不断发展和观众需求的变化，移动媒体平台也将继续发挥重要作用，为影视作品的传播带来更多机遇和挑战。

（四）自媒体平台

在媒体数字化时代，影视艺术作品的传播已成为大众关注的焦点。移动互联网的普及以及抖音等自媒体平台的兴起为影视艺术作品的传播提供了新的渠道和机会。若想在自媒体平台上获得更多的关注和传播，不仅需要优质的创作团队，还需要优质的内

第五章 媒体数字化时代影视艺术的发展传播

容输出。

1. 优质内容创作团队的培养是抖音等自媒体平台成功的关键

在这个"流量时代",粉丝量和播放量意味着商业价值。成功的自媒体吸引了大量从业人员加入该领域,组成了许多原创的影视团队。相比传统的影视公司,这些团队通常拥有更自由放松的创作环境,具有更加灵活多变的互联网属性。一个优秀的创作团队应具备以下几个方面的素质。

(1) 创新思维

在"信息爆炸"的时代,要吸引观众的眼球,必须有独特的创意和新颖的思路。因此,创作团队需要具备敏锐的洞察力和对时代潮流的敏感度,不断地推陈出新,创造出与众不同的作品。

(2) 技术精湛

在数字化时代,技术对于影视艺术作品的制作和呈现至关重要。创作团队需要掌握先进的技术知识和技能,熟练运用各种数字化工具和软件,制作出精美的画面和特效。另外,团队协作也是至关重要的。在数字化时代,影视艺术作品的制作需要多个领域的专业人才协同合作。因此,创作团队成员之间需要密切协作,互相支持,共同完成作品。

2. 优质内容的输出是抖音等自媒体平台成功的关键

观众对于观看内容的要求越来越高,尤其是在大量资本涌入自媒体平台之后,自媒体影视的创作门槛也随之提高。有的影片选择在自媒体平台首播,摒弃了传统院线上映的方式,这种开创性的合作模式充分说明了线上媒体平台的付费机制已越来越完善,只要影视作品的内容优秀、质量过硬,就能获得观众的认可。与传统院线相比,自媒体平台的传播方式也有着独特的侧重点。因此,创作团队在内容输出方面需要注意以下几个方面。

(1) 精准定位

创作团队需要精准定位并分析目标受众,了解他们的兴趣爱好、需求和心理特点，有针对性地制作符合他们口味的作品。利用自媒体平台的大数据技术，可以轻松完成这项工作。

（2）作品要生动有趣

观众对于枯燥乏味的作品已经不再感兴趣，因此，创作团队需要注重作品的生动性和趣味性，让观众在欣赏作品的同时获得愉悦的体验。针对不同的观赏平台环境和氛围，自媒体平台的影视作品创作应更加注重互联网用户的观影体验，关联热点话题。

（3）传递价值

观众对作品所传达的信息和价值越来越重视。因此，创作团队需要在作品中传递积极向上的价值观和正能量的信息，让观众在欣赏作品的同时得到启示和感悟。

总之，在抖音等自媒体平台上获得更多的关注和传播，需要注重培养优质的内容创作团队和输出优质的内容。创作团队需要具备创新思维、技术精湛和团队协作等素质，同时，注重精准定位、生动有趣和传递价值等方面的内容输出。只有这样，才能创作出符合时代潮流和市场需求的影视艺术作品，赢得观众的喜爱和认可。

第六章　媒体数字化时代文创产品的设计传播

第一节　媒体数字化时代文创产品的发展变革

一、相关概念

（一）文创产品

"文创产品"是文化创意产品的简称，也称为文化创造性产品。它通过对文化元素的提取、演绎和创新，设计出具有策划、制作、开发和销售等多元特征的产品。文创产品可以涉及任何领域的文化元素，比如书籍、手工艺品、服装、游戏、影视、音乐等。文创产品具有以下特点。

1. 创新性

文创产品以创新为本，注重在传统文化的基础上进行创意的提炼和转化，通过独特的设计和表现形式展现出新颖的视角和想法。

2. 强调设计感

文创产品注重在外观、包装和整体设计上体现出独特的美感和艺术性，以吸引消费者的注意力和兴趣。

3. 融合文化底蕴

文创产品通常融合了丰富的文化元素，如传统文化、历史故事、民俗传说等，以展示和传承文化遗产，并赋予其新的生命和意义。

4. 商业价值

文创产品在实际应用中具有一定的商业价值，能满足市场需求并带来经济效益。它不仅具有观赏性和收藏性，还可以成为人们生活中的实用品或礼品，具有一定的市场潜力。

5. 与传统文化不同

文创产品在创新的基础上与传统文化形式有所区别，它注重通过现代化的方式和语言来呈现和传播文化，以符合当代人的审美和生活方式。

文创产品在当代社会中具有重要的意义，它不仅推动了文化的传承与创新，还促进了文化产业的发展和经济的繁荣。通过创造独特的文化体验和情感共鸣，文创产品与消费者之间建立起了一种特殊的情感联系，成为人们追求美好生活的一部分。

（二）数字文创产品

数字文创产品是在文创产品的基础上，利用数字技术对文化元素进行加工处理和创新设计而产生的产品。与传统文创产品相比，它具有独特的制作过程和特点，涉及各种数字技术的应用，如三维建模、虚拟现实、增强现实等。数字文创产品的特点如下。

1. 增强用户体验

数字技术的运用使得文化产品具有更加丰富、互动和沉浸式的用户体验。通过虚拟现实技术、交互式界面等手段，数字文创产品能够让用户参与其中，与作品互动，获得独特的体验感。

2. 创意性和趣味性

数字文创产品充分利用了数字技术的创意性，通过数字化的表现形式和特效效果，为文化元素赋予了新的趣味和创意。它可以将传统故事、艺术作品等转化为立体的、动态的数字作品，传递了更多的表达和展示方式。

3. 互动性和参与感

数字文创产品通过数字技术的交互性特点，使用户能够主动参与其中，与作品进行互动和探索。比如通过游戏化的设计，用户可以在虚拟世界中探索文化元素，增加了参与感和娱乐性。

4. 拓展和改进

数字技术的应用使得文创产品的制作和呈现方式得以拓展和改进，突破了传统媒介的限制，实现了跨平台和跨媒体的传播。

数字文创产品的出现为文化创意产业带来了新的发展机遇。它通过数字技术的创新和应用，丰富了文化产品的形态和内容，提升了用户体验和参与度。数字文创产品的发展不仅推动了文化产业的数字化转型，也为文化创意产业的创作、生产、传播等环节带来了新的挑战和机遇。

（三）如何推广文创产品和数字文创产品

推广文创产品的关键在于提供创新和高品质的产品，同时，注重市场营销策略。这包括制作形象化营销视频、建立品牌形象、举办艺术展览、利用社交媒体渠道等手段。特别是对于文创产品而言，建立良好的渠道和合作伙伴关系，鼓励热爱文化的人士共同推广传播非常重要。

数字文创产品需要突出技术应用和用户体验。通过运用先进的数字技术设备和技术体系，数字文创产品可以更好地展示其特点。特色的营销渠道包括多维度的网络平台推广，如网络直播、虚拟展览、数字媒体、智能硬件等。

文创产品和数字文创产品都是文化产业发展的新方向，并逐渐成为市场上重要的文化消费品类。对于从事相关工作的企业和从业者来说,加强产品质量的提升和创新将带来更广阔的市场前景。同时,与合适的渠道和合作伙伴建立良好的合作关系,积极推广和宣传产品,也是成功推广的关键。

(四)数字文创产品的特点

数字文化创意产业作为互联网时代新兴的产业具有重要的意义,它通过数字化方式呈现传统文化内容,其中数字文化产品是该行业的核心产品,也是成功发展的关键。

1. 文化性

传统文化是数字文化产品的基础,而数字技术使得传统文化得以数字化并进一步推广传播。数字文化产品的文化性是建立在这个基础上的。例如,我们现在可以通过手机轻松观赏古代文物,了解传统文化知识;通过数字展览了解四季更替和世界自然地理。这些数字文化产品以文化为基础,通过数字化呈现,能够触达更广泛的群体。

2. 艺术性

数字技术为传统文化内容提供了新的表现形式和手段,而数字文化产品正是通过这些手段呈现出特殊的艺术风格。数字文化产品可以包括音乐、电影、绘画和其他数字艺术作品,融合了多媒体技术和互动交互设计,形成了新型的艺术表现方式。例如,通过数字技术,我们可以画出不规则的线条或呈现立体效果,使得数字文化产品具有创新力和艺术价值。

3. 科技性

数字文化产品是数字技术和文化传承的融合产物,数字化技术在更好地保护和保存传统文化内容的同时,也能将传统文化与现代生活更好地结合起来。比如通过增强现实技术,可以重建或还原物品的历史形象,更直观地展示历史上的事物。数字文化产品的科技性让我们深刻意识到,数字技术与文化传承相结合所创造的产品能够达到想不到的效果。

数字文化产品的文化性、艺术性和科技性决定了它在数字文化产业中的核心地位。在数字技术的支持下,数字文化产品不断地推陈出新、持续创新,它所具备的价值不仅体现在技术和艺术领域,还能在文化传承、生活方式、审美意识等方面。未来,数字文化产品将会在更广阔的领域发挥重要作用,它的潜力和价值也将进一步得到挖掘和开发[①]。

(五)数字文创产品的类型

数字文创产品是近年来发展非常快速的领域,它结合了数字技术和文化创意,将传统文化以数字化的方式呈现出来,使其具有现代化的特点。

数字艺术品是利用数字技术将传统艺术品进行数字化处理,创造出全新的艺术作品。它包括数字绘画、数字雕塑、数字摄影等形式,每种艺术品都有其独特的魅力。数字绘画是使用图形软件和插图工具进行创作,可以制作出栩栩如生、色彩斑斓的图画。数字雕塑是将传统雕塑与数字技术相结合,呈现出逼真的三维效果,让人们更好地欣赏雕塑的细节和美感。数字摄影则是通过数码相机拍摄照片,并使用图像软件进行处理和编辑,以达到更好的效果。数字艺术品的出现不仅提高了人们的审美水平,也丰富了绘画艺术的形式。

数字电影是将传统影视作品进行数字化处理后形成的全新电影形态。数字电影借助数字技术,拥有更高的画质和更出色的音效,能够提供更好的观影体验。数字电影的特点是高分辨率和逼真的建模效果,使观众能够更好地沉浸在电影所展现的场景和情境中。数字电影的制作要求数字化和网络化方面的高水平。数字

---

① 李国瑛.数字化技术于文创教育之应用现状与发展趋势[J].文化创新比较研究,2021,5(16):4.

技术的引入使电影艺术焕发了新的生机,不断地推动电影艺术向前发展。

数字音乐是利用数字技术创作和传播的音乐形式,是最容易被人们接受的数字文创产品之一。数字音乐可以通过网络进行传播和分享。作为音乐创作的新形式,数字音乐更注重创造独特的音乐体验和情感表达。与传统音乐形式不同,数字音乐依靠数字技术进行编辑、混音、装配和包装,使用计算机软件、合成器、麦克风等数字系统创作出独特的音乐作品。数字音乐利用网络传播的优势,使更多的听众可以接触到数字音乐,也更容易受到听众的喜爱和追捧。

数字游戏是将传统游戏进行数字化处理后形成的新型游戏体验。数字游戏不仅让玩家沉浸于游戏的独特世界、人物设定和情节中,还让游戏充满了探索的乐趣。数字游戏必须具备更高的互动性和娱乐性,通过数字技术的加入,将游戏体验推向新的高度。在数字游戏中,玩家可以进行三维操作,更好地体验游戏虚拟空间的真实感,同时,也享受其中的戏剧性提升。

基于数字技术的帮助,数字文创产品形成了自己独特的艺术形式,包括数字艺术品、数字电影、数字音乐和数字游戏。数字文创产品的开发丰富了人们的文化生活,使文化发展更具创意和智能。随着技术的不断进步和发展,未来数字文创产品必将在信息技术的支持下创造出更加丰富的艺术效果,为我们带来更精彩的数字文化体验。

(六)数字文创产品的发展趋势和前景

数字文创产业是当前文化创意产业的重要分支,具有广阔的市场前景和发展潜力。在数字文创产业的发展中,如何提高产品的质量和竞争力,拓展市场份额和数字化传播渠道是关键问题。下面将探讨数字文创产业的市场现状和发展策略。

第六章 媒体数字化时代文创产品的设计传播

数字文创产业是以数字技术为基础，通过创意和艺术表达，生产、传播和销售文化产品的产业。目前，数字文创产业的市场规模不断扩大，产品种类日益丰富，市场竞争也日益激烈。在数字文创产业中，游戏、影视、音乐、文学等是主要的细分领域。其中，游戏市场尤其庞大。根据《2019年中国游戏产业报告》显示，2019年中国游戏市场规模达到2885亿元，同比增长17.5%。而影视市场也在持续扩大，根据《2019年中国电影市场报告》显示，2019年中国电影票房收入达到642.66亿元，同比增长5.4%。

在数字文创产业中，产品质量和竞争力是关键因素。消费者对数字文创产品的要求越来越高，不仅要求产品具有创意和艺术性，还要求产品具有高品质、多样性和个性化。因此，数字文创产业需要不断提高产品的质量和竞争力，以满足消费者的需求和市场的要求。为了提高数字文创产业的市场竞争力和发展潜力，可以从以下几个方面入手。

1. 促进技术创新和数字化转型

数字文创产业需要不断地促进技术创新和数字化转型，提高产品的品质和多样性，通过引入先进的技术和数字化手段，可以提高产品的制作水平和表现力，也可以为产品带来更多的创新和个性化。

2. 注重产品质量和品牌建设

数字文创产业需要注重产品质量和品牌建设，提高产品的竞争力和影响力。在产品质量方面，需要注重从创意、制作到推广的各个环节，确保产品具有高品质和创意性。在品牌建设方面，需要建立具有影响力和吸引力的品牌形象和推广策略，提高产品的知名度和美誉度。

3. 拓展市场份额和数字化传播渠道

数字文创产业需要拓展市场份额和数字化传播渠道，提高产品的市场占有率和影响力。在拓展市场份额方面，可以通过多种渠道和方式扩大产品的覆盖面和影响力，比如与电商平台合作、开展线上活动等。在数字化传播方面，可以通过社交媒体、搜索引擎优化、电子邮件营销等手段提高产品的曝光率和转化率。

4. 加强数字化营销推广

数字文创产业需要加强数字化营销推广，提高产品的营销效果和推广效率。在数字化营销方面，可以通过数据分析、用户调研等方式了解消费者的需求和行为习惯，制定有针对性的营销策略和推广方案。同时，可以利用数字化手段进行实时监测和调整，提高营销的精准度和效果。

5. 建立数字化合作机制

数字文创产业需要建立数字化合作机制，促进产业内部的合作和交流。通过建立数字化合作平台和共享机制，可以促进产业内部的知识共享和资源整合，提高产业的协同效应和发展潜力。

总之，数字文创产业具有广阔的市场前景和发展潜力，只有通过技术创新、品牌建设、数字化传播、数字化营销和数字化合作等多种手段提高产品的质量和竞争力，才能满足消费者的需求和市场的要求。同时，也需要不断地拓展市场份额和数字化传播渠道，加强数字化营销推广和建立数字化合作机制，提高产业的整体竞争力和发展水平。

二、媒体数字化时代文创产品的发展

随着数字技术的快速发展和文化元素的不断创新，数字文创产品逐渐成了媒体数字化时代的一种重要文化表达形式。数字文创产品不仅具有数字技术的独特表现形式，同时，还融入了丰富的文化元素，成为连接科技与文化的桥梁。下面将从数字文创产品的概念、特点和发展趋势入手，分析数字文创产品在媒体数字化时代的重要作用，并探讨数字文创产品在文化产业中的应用前景。

（一）数字文创产品的发展内涵

数字文创产品是指基于数字技术，融入文化元素，以文化、艺术、娱乐为主题的数字内容产品。

1. 数字化表现形式

数字文创产品以数字技术为基础，通过数字转化将文化元素呈现出独特的表现形式。这些形式包括数字绘画、数字音乐、数字电影、虚拟现实等。数字技术为创作者提供了丰富的创作工具和表现手段，使得数字文创产品具有多样性和创新性。

2. 文化元素的融入

数字文创产品在数字化的表现形式中融入了丰富的文化元素，涵盖历史、文学、艺术等各个领域。通过对文化元素的融入，数字文创产品展现出独特的文化内涵和艺术价值，这使得数字文创产品成为传承和创新文化的重要媒介，能让人们更好地理解和体验文化的多样性。

3. 互动性和创造性

数字文创产品具有互动性和创造性的特点。用户可以通过数字文创产品与文化元素进行互动，参与到创作、演绎和表达的过程中。数字技术的发展使得数字文创产品能够提供更加丰富的互动体验，让用户成为文化创意的参与者和创造者。这种互动性和创造性为数字文创产品赋予了更多的价值和吸引力。

总之，数字文创产品的发展内涵在于通过数字技术的应用，将文化元素进行数字转化，并呈现出多样性的表现形式。数字文创产品融合了文化和技术，通过互动性和创造性的特点，为用户提供了全新的文化体验和艺术享受。随着技术的不断进步和创新的推动，数字文创产品将继续拓展其内涵，为人们带来更加丰富、多样和有趣的数字文化体验[①]。

（二）数字文创产品的发展趋势

随着数字技术的不断演进和创新，数字文创产品正经历着多样化、创新化和社会化的发展趋势。新兴技术，如虚拟现实和增强现实不断成熟，为数字文创产品提供了广阔的表现空间和创作手段。通过这些技术，用户能够沉浸于数字艺术品和虚拟场景中，获得身临其境的体验。同时，数字文创产品在文化元素的运用上也在不断创新。通过重新解读和挖掘传统文化，结合当代审美和需求，数字文创产品创造出了独具创意和艺术性的作品，这种创新使数字文创产品充满了文化魅力和艺术感染力，吸引着更广泛的观众群体。

数字文创产品采用了多样化的表达方式。通过交互式展示、社交媒体分享和跨媒体融合等手段，数字文创产品与观众之间建立了更加积极的互动关系，提供了个性化的创作空间和丰富的参与体验。另外，数字文创产业还加强了跨界合作和跨平台传播。与科技、设计和娱乐等领域的合作，为数字文创产品带来了更多创新性和影响力。同时，数字文创产品也借助社交媒体和在线平台等渠道进行了广泛传播和推广，实现了更大范围内的影响力和商业价值。最后，数字文创产业注重可持续发展和社会影响力。如关注环境保护、社会责任等议题，通过文化创意的力量传递积极的价值观和社会意识，推动了社会进步和可持续发展。

总之，数字文创产品正朝着多样化、创新化和社会化的方向不断发展。借助技术的进步和创新的推动，数字文创产品将以更高品质、更多元的形式满足用户需求，为文化创意产业带来更广阔的市场前景和发展潜力。

① 彭皋丽.文化创意产业全球崛起的技术背景分析——数字化信息通讯技术推动创意企业全球崛起[J].文化产业导刊，2012(11):4.

（三）数字文创产品在文化产业中的应用前景

数字文创产品在文化产业中的应用前景广阔。数字文创产品能够通过数字化表现形式和融入文化元素，以生动形象的方式展示文化内涵和艺术价值，从而促进文化的传播和推广。数字技术的运用使得文化内容更加易于传播和消费，扩大了受众群体，同时，也提升了用户对文化产品的参与度。数字文创产品作为一种新兴业态，具有巨大的市场潜力和商业价值，对于文化产业的发展具有带动作用。数字文创产品的开发和推广不仅可以创造经济效益，还能推动文化产业的创新和升级。通过数字技术的应用和与其他产业的融合，数字文创产品为文化产业注入了新的活力，推动了文化产业的转型和发展。

在数字技术的不断发展和文化元素的不断创新下，数字文创产品在文化产业中的应用前景在不断扩大。数字技术的进步将为数字文创产品提供更多样化、沉浸式的体验方式，比如虚拟现实和增强现实技术的应用，将为用户带来更加身临其境的文化体验。此外，数字文创产品的跨界合作和跨平台传播也为文化产业带来了新的机遇。与科技、设计、娱乐等领域的合作，能够为数字文创产品带来更多创新性和影响力。同时，数字文创产品借助社交媒体和在线平台等渠道进行广泛传播和推广，拓展了产品的市场范围和影响力。

数字文创产品在文化产业中具有重要的应用前景，是指它不仅能够促进文化传播，推动文化产业的发展，还能提供丰富多样的文化体验和参与感。随着数字技术和文化产业的不断发展，数字文创产品将展现出更多的表现形式和丰富的文化内涵，为人们带来更加丰富的文化体验和参与机会。

第二节　媒体数字化时代文创产品的体验式发展

一、数字文创产品的体验设计模式

数字文创产品的体验设计模式已经成为当前研究的热点。随着数字技术的不断发展，数字文创产品的体验设计模式也在不断演进。数字文创产品的体验设计模式主要包括：以用户为中心、科技与文化的融合、文化与创意的融合以及创意与科技的融合。

（一）重视以用户为中心

重视以用户为中心的数字文创产品体验设计模式是指通过深入了解用户需求，将用户置于设计的核心地位，以设计出更贴近用户需求的数字文创产品。这种模式要求设计师通过进行用户研究，深入了解用户的需求、偏好、行为习惯等信息，以便更好地理解他们的期望和痛点。在此基础上，设计师将用户需求转化为具体的设计要求，从界面设计、交互方式、功能设置等方面考虑，以提供更好的用户体验。同时，这种模式还要求设计师通过用户测试和反馈，不断地优化数字文创产品的体验。通过与用户的互动和反馈，设计师可以了解用户对产品的感受和意见，发现潜在的问题和改进的空间，这种循环的反馈机制可以帮助设计师不断改进和优化产品，以提高用户的满意度和忠诚度。

重视以用户为中心的设计模式，能有效地满足用户的需求，提升数字文创产品的可用性和用户体验。通过深入了解用户，设计师可以更好地把握用户的喜好和习惯，使产品更贴近用户的心理特征和行为特征。同时,通过持续的用户测试和反馈,设计师可以及时发现并解决问题,提升产品的质量和用户满意度。因此,重视以用户为中心的数字文创产品体验设计模式对于提升产品竞争力和用户认可度至关重要。只有深入了解用户需求,并将其融入产品的设计和优化过程中,才能创造出更具吸引力、实用性和有用户价值的数字文创产品体验。

(二)重视科技与文化的融合

重视科技与文化融合的数字文创产品体验设计模式是指将数字技术与文化相结合,创造出融合了科技和文化元素的数字文创产品。这种模式要求设计师不仅要了解数字技术的特点和应用,还要深入了解文化背景和内涵,以便在设计过程中将科技和文化融合在一起。在这种设计模式中,设计师需要运用先进的数字技术,比如虚拟现实、增强现实、人工智能等,将文化元素融入数字文创产品中,创造出丰富多样、富有创意的体验。通过科技手段,数字文创产品可以以更直观、沉浸式的方式展现文化内涵,提供与传统文化不同的视听、互动体验,吸引用户的注意力和兴趣。

另外,这种模式还要求设计师通过技术创新和文化创新,不断地优化数字文创产品的体验。设计师可以结合最新的科技趋势和文化热点,将科技与文化元素进行创新结合,打造出独特的数字文创产品。通过持续的技术创新和文化创新,数字文创产品可以保持时代性和吸引力,满足用户对于科技与文化融合的需求,提高用户的文化认同感和归属感。因此,重视科技和文化的融合的数字文创产品体验设计模式能够创造出更具有创意、独特和文化内涵的产品体验。通过将科技和文化元素有机地结合在一起,数字文创产品可以为用户带来全新的文化体验,丰富用户的文化生活,推动数字文创产业的发展和创新。

（三）重视文化与创意的融合

重视文化与创意融合的数字文创产品体验设计模式是指将文化元素和创意相结合，创造出富有创造力和独特魅力的数字文创产品。这种模式要求设计师具备较高的文化素养和创意能力，能够巧妙地将文化元素融入数字文创产品的设计中，以提高产品的吸引力和竞争力。在这种设计模式下，设计师需要深入研究和了解文化的内涵、传统和历史以及当代文化趋势和人们的文化需求。通过对文化的理解和创意的发挥，设计师可以创造出富有独特创意的数字文创产品，展现对文化的诠释和创新。

设计师在融合文化和创意的过程中，可以运用各种设计手法和艺术形式，比如图形设计、音乐创作、故事叙述等，将文化元素融入数字文创产品的各个方面。通过独特的设计风格、富有创意的故事情节，以及创新的艺术表现形式，呈现出与众不同的文化体验，吸引用户的注意力和情感共鸣。同时，这种模式也鼓励设计师在数字文创产品的创作中保持创新和不断探索的精神。设计师可以结合不同的文化元素、跨界合作、科技创新等，推动数字文创产品的发展和演进，为用户带来全新的创意体验。这种模式还要求设计师通过创意实践和文化创新，不断地优化数字文创产品的体验，以提高用户的创意感受和文化认同感[1]。因此，重视文化和创意的融合的数字文创产品体验设计模式可以创造出具有独特创意和文化魅力的产品。通过将文化元素与创意相结合，数字文创产品可以在市场中脱颖而出，满足用户对于创新、独特和富有文化内涵的需求，推动数字文创产业的繁荣和发展。

（四）重视创意与科技的融合

重视创意与科技融合的数字文创产品体验设计模式是指将创

---

[1] 张璐. 数字化时代校园报刊发展模式浅析 [J]. 中国轻工教育，2011(05):23—24

第六章 媒体数字化时代文创产品的设计传播

意与科技相结合，创造出更具创新性的数字文创产品。这种模式要求设计师具备较高的创意能力和技术水平，能够巧妙地将创意和技术融合到数字文创产品的设计中，以提高产品的创新性和竞争力。

在这种设计模式下，设计师需要保持对创意和科技的敏感性，密切关注创新的科技趋势和技术应用。设计师可以探索和应用新兴的数字技术，比如人工智能、虚拟现实、增强现实等，将其融入数字文创产品的创意和设计中，为用户带来前所未有的体验。同时，设计师需要充分发挥创意能力，以独特而富有想象力的方式将科技与创意相融合。通过将科技与创意相结合，设计师可以创造出令人惊叹的数字艺术作品、互动娱乐体验和教育产品等。创意与科技的融合可以激发用户的创造力和参与度，让他们与数字文创产品进行互动、探索和创造，从而提升用户的体验感受。

综上，重视创意与科技的融合是数字文创产品体验设计中的重要模式。它能够激发创新思维、提升产品的竞争力，同时，也能够满足用户对创新和科技的需求。通过综合运用不同的设计模式，如以用户为中心、科技与文化的融合、文化与创意的融合等，设计师可以打造出更具吸引力、创新性和用户满意度的数字文创产品，推动数字文创产业的发展。

二、数字文创产品的体验设计要素

随着数字技术的飞速发展，数字文创产品的用户体验设计也变得越来越重要。数字文创产品的用户体验设计包括感官体验、行为体验和认知体验三个方面。下面将深入探讨这些要素，以帮助设计师更好地进行数字文创产品的用户体验设计。

（一）感官体验的设计要素

感官体验是指用户在使用数字文创产品时所感受到的视觉、

听觉、触觉、味觉和嗅觉等感官体验。设计师需要通过以下几个方面来营造良好的感官体验。

1. 视觉体验

视觉体验是数字文创产品中最重要的感官体验之一。设计师需要通过良好的界面设计、图像和视频来营造出良好的视觉体验。同时,设计师还需要注意文字的排版和大小,以便让用户更容易地阅读和理解内容。

2. 听觉体验

听觉体验也是数字文创产品中非常重要的一个方面。设计师需要通过声音来传达产品的信息和情感。比如在游戏中,设计师可以通过音效来营造出紧张的氛围,增加用户身临其境之感。

3. 触觉体验

触觉体验也是数字文创产品中非常重要的一个方面。设计师需要通过触感来营造出产品的质感和使用感受。比如在移动端产品中,设计师可以通过震动和滑动等触感来让用户更加容易地操作产品。

4. 味觉和嗅觉体验

味觉和嗅觉体验在数字文创产品中的应用相对较少,但是设计师也可以通过数字技术来营造出这方面的感官体验。比如在电影院观影中,设计师可以通过道具气味来模拟影片中的气味,让用户有身临其境之感。

(二)行为体验的设计要素

行为体验是指用户在使用数字文创产品时所感受到的行为层面的体验。设计师需要通过以下几个方面来营造出良好的行为体验。

1. 交互设计

交互设计是数字文创产品中非常重要的一个方面,也是用户

第六章 媒体数字化时代文创产品的设计传播

行为体验的关键因素之一。设计师需要通过良好的界面设计和操作流程来让用户更加轻松地使用产品。同时,设计师还需要注意用户的操作习惯和心理感受,以便让用户更加愉悦地使用产品。

2. 响应时间

响应时间也是数字文创产品中非常重要的一个方面。设计师需要保证产品的响应时间足够短,以便让用户更加流畅地使用产品。如果产品的响应时间太长,用户的满意度就会大大降低。

3. 容错性

容错性是数字文创产品中非常重要的一个方面。设计师需要保证产品能够容错,以便让用户在使用过程中不会因为操作失误而产生挫败感。同时,设计师还需要及时提供错误提示和帮助信息,以便让用户更加轻松地解决问题。

(三)认知体验的设计要素

认知体验是指用户在使用数字文创产品时所感受到的认知层面的体验。设计师需要通过以下几个方面来营造良好的认知体验。

1. 可理解性

可理解性是数字文创产品中非常重要的一个方面。设计师需要确保产品能够被用户轻松地理解和使用,以便让用户更加愉悦地使用产品。为此,设计师需要采用清晰简明的界面设计,有明确的指示和引导以及易于理解的操作流程。同时,产品的语言和表达方式也需要考虑用户的认知能力和文化背景,以便让用户更加容易地理解产品。

2. 可预测性

可预测性是数字文创产品中另一个重要的方面。用户希望能够准确预测产品的功能和行为,以便更好地规划和控制自己的操作。设计师可以通过一致的界面布局、符合用户习惯的交互方式和明确的反馈机制来提高产品的可预测性。此外,设计师应提供明确的状态指示和操作结果反馈，帮助用户理解产品的当前状态和下一步的操作。

3.信息架构

良好的信息架构对于认知体验至关重要。设计师需要合理组织和呈现产品中的信息，使用户能够快速找到所需的信息，并在使用过程中建立准确的认知模型。清晰的分类和导航结构、有序的信息排列和合理的标识符都是提升信息架构的关键因素。

4.可操作性

可操作性指的是用户对产品进行操作时的便捷性和流畅性。设计师需要优化产品的交互设计，使用户能够轻松地完成操作，并提供合适的反馈和引导，帮助用户实现预期的效果。简化操作步骤、提供明确的操作指导和可视化的操作界面，都有助于提升产品的可操作性。

通过关注可理解性、可预测性、信息架构和可操作性等方面的设计，设计师可以创建出具有良好认知体验的数字文创产品，提升用户的满意度和参与度，促进产品的成功应用和推广。

三、数字文创产业创新发展的方式

目前，数字文创产业已成为高新领域新的经济增长点。如何创新发展该产业是人们现在需要思考的，可以从以下几个方面进行。

（一）培养数字化人才

数字文创产业需要大量的数字化人才，包括设计师、开发工程师、数据分析师等。

1.加强数字化教育

在高校中开设数字文创相关专业和课程，培养具有数字技术和文化创意的人才。同时，加强职业培训和技能提升，提高从业

第六章 媒体数字化时代文创产品的设计传播

人员的数字化素养和技能水平。

2. 引进数字化人才

通过招聘引进海外优秀人才,吸引更多的数字化人才加入数字文创产业。同时,加强与高校和研究机构的合作,吸引优秀的研究团队和毕业生加入此行业。

3. 建立数字化人才培训平台

通过建立数字化人才培训平台,可以为从业人员提供在线课程和学习资源,帮助他们提升数字化技能和知识水平。

（二）完善数字化生产

数字文创产业是数字时代最具活力的创新产业之一。随着数字技术的不断发展和进步,数字文创产业也在快速发展,并成为经济社会发展的重要支柱。数字文创产业的发展需要完善数字化生产体系,以提高生产效率和质量,促进产业健康可持续发展。下面将从加强数字化设计、引进数字化制作技术和建立数字化管理体系三个方面入手,探讨如何完善数字化生产,推动数字文创产业更进一步发展。

1. 加强数字化设计

数字化设计是数字文创产业生产的基础,是提高产品质量和创新性的关键。当前,虚拟现实、增强现实等数字技术已经广泛应用于数字文创产业的设计过程中。虚拟现实技术可以实现真实感的仿真效果,而增强现实技术可以将数字图形和现实场景结合起来,实现沉浸式的设计体验。通过加强数字化设计,数字文创产业可以发展设计水平和创新能力,满足市场需求,增强市场竞争力。

2. 引进数字化制作技术

数字化制作技术是数字文创产业发展生产效率和质量的重要途径。当前,数字化制作技术已经广泛应用于数字文化创意产业的生产过程中。数字化制作设备和软件可以帮助制作人员实现高效、精准的制作过程,提高生产效率和质量。数字化制作技术应该安全实用,建立安全管理体系和人员职业技能认证,严格保障产品质量和安全。

3.建立数字化管理体系

数字化管理体系是数字文创产业实现生产流程信息化和智能化管理的关键。数字化管理体系应该包括项目管理、预算管理、人力资源管理等方面。通过数字化管理,数字文创产业可以实现生产过程透明化、信息流畅化、决策智能化。数字化管理可以提高生产效率和产品质量,降低成本和风险。

(三)加快数字化传播

数字文创产业是一个快速发展的领域,面临着许多挑战和竞争。加速数字化传播是提高产品竞争力和市场份额的关键因素之一。在这个过程中,建立数字化传播渠道和加强数字化营销推广是非常重要的。在数字化传播渠道方面,可以利用各种数字化平台和互联网建立传播渠道,提高传播速度和传播范围。数字平台可以更有效地传达产品信息和宣传,让广大受众更快地了解产品,促进品牌的快速传播。针对不同的受众群体,可以制定不同的传播策略和内容,以提高传播的针对性和效果。此外,数字化传播渠道也可以通过直播、虚拟现实(VR)、增强现实(AR)等新兴技术来进行拓展,以创新的方式满足受众需求。

在数字化营销推广方面,可以加强数字营销手段的应用。通过各种数字营销手段,如社交媒体、搜索引擎优化、电子邮件营销等,不断提高产品的营销推广。同时,也可以通过数据分析手段来了解受众需求和行为习惯,提高营销的精准度和效果。数字化营销推广可以打破传统的传媒局限,更好地抓住消费者的注意力,提高产品销量,增强品牌知名度。

第六章 媒体数字化时代文创产品的设计传播

在数字化合作方面,可以与其他数字公司和平台展开合作,共享资源、数据和信息。数字化合作是一个相互促进的过程,它不仅有利于企业的创新和发展,同时,也提供了新的合作机会和商业模式。数字文创产业需要通过加强数字化传播,提高产品的市场竞争力和知名度。数字化传播渠道、数字化营销推广和数字化合作三个方面的研究都是至关重要的。只有不断创新和完善数字化推广手段和模式,数字文创产业才能够在激烈的市场竞争中获得更多的机会和成功。

(四)加强数字化安全

数字文创产业是当今社会高速发展的产业之一,而数字化安全是保障数字文创产业健康发展的基础。为了提高数字化安全水平,需要从技术防范、管理制度和法律监管等方面入手,加强数字化安全保障,保护企业的知识产权和用户的数据安全。以下是具体的优化提升建议。

1. 加强技术防范

数字文创产业需要采用先进的安全技术和防护措施,加强对企业和用户数据的保护和防范。具体来说,可以从以下几个方面加强技术防范:①强化网络防护。加强企业的网络安全防护,防范和抵御各种网络攻击,确保企业网络的安全和稳定。②提高应用软件安全性。采用安全可靠的应用软件,定期更新软件版本和补丁,及时修复已知漏洞和弥补新发现的安全风险。③保护数据安全。采取数据加密、备份、存储等措施,提高数据安全保障水平,避免数据泄露和被黑客攻击。④建立安全应急预案和处置机制。建立完善的安全应急预案和处置机制,及时应对和处理各种安全事件,防范和降低安全风险。

2. 建立管理制度

数字文创产业需要建立完善的数字化安全管理制度和流程,

明确各部门的职责和分工,确保数字化安全管理工作的有效实施和管理。具体来说,可以从以下几个方面建立管理制度:①制定数字交易规则。建立数字文创产业数字交易规则,规范数字化交易行为,为数字化安全管理提供制度保障。②设立数字文创产业安全管理委员会。建立由专家学者、企业代表等组成的数字文创产业安全管理委员会,研究数字文创产业数字化安全管理策略和方案,指导企业数字化安全管理工作。③培训数字化安全人才。加强数字化安全人才培养和引进,提高企业数字化安全工作的专业化水平。

3. 加强法律监管

数字文创产业需要加强法律监管和合规管理,制定相关法规和规定,加强对违法违规行为的打击和惩处。具体来说,可以从以下几个方面进行:①加强法律监管,加大执法力度。加强数字文创产业领域的执法力度,打击各种违法违规行为,维护数字文创产业的有序健康发展。②建立信用评价体系。建立数字文创产业信用评价体系,对相关企业或个人进行信用评价,形成社会信用机制。③加强法规和规定的制定。加强数字文创产业法规和规定的制定和完善,为数字文创产业的健康发展提供法律支持和保障。

数字文创产业需要加强数字化安全保障,保护企业的知识产权和用户的数据安全。只有这样,才能推动数字文创产业向更高水平迈进,为经济社会发展作出更大的贡献。

第七章　媒体数字化时代报刊行业的广泛传播

第一节　媒体数字化时代报刊行业的发展现状

随着数字化技术的飞速发展，媒体行业也在不断经历变革。报刊行业作为传统媒体的重要组成部分，面临着前所未有的挑战和机遇。在数字化时代，报刊行业需要适应新的市场需求和发展趋势，积极探索数字化转型之路，以保持竞争力和持续发展。下面将从报刊行业的发展现状、数字化转型的必要性和面临的挑战三个方面进行分析和探讨。

一、报刊行业的发展现状

传统媒体是信息传播的重要渠道之一，随着互联网和移动设备的普及，媒体传播方式发生了巨大变化，数字化媒体如社交媒体、新闻客户端和搜索引擎已成为主要信息获取途径。相比传统媒体，数字化媒体具有快速、便捷、信息丰富和个性化的特点，更符合现代人的需求。这对传统报刊行业的广告收入、读者数量和影响力造成了严重冲击。全球报刊行业的广告收入自2008年起逐年下降，2018年全球报纸广告收入减少了21%。在中国，2019年全国报纸发行量下降了32.6%，其中都市报类下降了46.5%。这些数据反映了报刊行业面临的严峻形势。

数字化媒体对传统媒体的冲击主要表现在：首先，传播速度上存在差异。数字化媒体具有即时性，信息发布和传播可以视为同步进行，而传统媒体需要耗费运输时间和资源。数字化媒体在传播速度上占据明显优势。其次，信息获取方式存在差异。数字化媒体拥有更丰富的资源，用户可以根据需求自行搜索信息，而传统媒体则需要用户主动阅读以获取信息，无法满足个性化需求。在信息获取方面，数字化媒体同样占据明显优势。最后，用户体验存在差异。数字化媒体满足用户的随时随地需求，可以随时获取信息，而传统媒体无法实现全天候在线，受到时间和空间的限制。在用户体验上，数字化媒体同样具有显著优势。

面对数字化媒体的冲击，传统媒体需要适应市场变化，积极进行改革，进行技术创新，增强核心竞争力。传统媒体应抓住新技术和平台的机遇，将以人工智能、大数据和云计算为主的新技术应用于传统媒体，增强互动性、个性化和用户体验，并开发适应数字环境的产品。在数字媒体环境下，传统媒体业务需要与新媒体相结合，采用多元化方式打造新闻矩阵，跨越多个社交媒体平台，增加传播渠道，扩大传播范围。传统媒体可以根据读者需求加强各领域的深度挖掘，开发更具深度和广度的内容，提升内容质量，增强媒体的专业性，扩大品牌影响力。通过技术创新、把握新媒体特点和深度挖掘领域优势，传统媒体能够适应数字化媒体的冲击，增强自身竞争力，为读者提供优质内容，并保持在媒体行业的地位和影响力。

二、数字化转型的必要性

数字化时代已经到来，它对媒体行业的冲击和挑战是无可避免的。面对数字化媒体的冲击，报刊行业需要进行数字化转型以适应市场的需求和发展。数字化转型不仅要技术层面的革新，还

第七章 媒体数字化时代报刊行业的广泛传播

包括运营模式、编辑方式、传播渠道等多个方面的创新。

（一）数字化转型的必要性

数字化转型对于报刊行业的发展至关重要，它可以帮助传统媒体快速适应数字化时代的变革，提高新闻生产的效率和质量，以及拓展盈利模式。数字化转型涉及报刊行业的采编、出版和发行等部门，同时需要在运营模式、编辑方式和传播渠道等方面进行创新。

数字化转型可以提升新闻生产的效率，通过数字化技术和工具的应用，传统媒体可以实现信息的快速采集、编辑和发布，大幅缩短了新闻生产的周期和制作成本。传统媒体进行数字化转型还可以引入自动化和智能化技术，如人工智能和机器学习，帮助媒体机构处理海量的数据和内容，提高工作效率和准确性。

数字化转型可以提升新闻质量和个性化服务，新闻制作者可以根据用户的兴趣和偏好，提供个性化的新闻内容、推荐和定制化的服务。通过数据分析和用户反馈，传统媒体可以更好地了解读者需求，优化新闻报道的深度和广度，提供更具价值和吸引力的内容。

数字化转型可以拓展盈利模式，传统媒体在数字化转型中可以探索新的商业模式，如数字广告、付费订阅、电子商务等，以减轻对传统广告收入的依赖。数字化转型还可以开拓数据资产价值，通过数据分析和精准营销，提供更具商业价值的产品和服务，实现多元化的盈利。

总的来说，数字化转型对于报刊行业来说是势在必行的。它可以提升新闻生产效率和质量，满足读者个性化需求，拓展盈利模式，帮助传统媒体在数字化时代保持竞争力和持续发展。因此，报刊行业应积极进行数字化转型，并不断创新和适应市场需求。

（二）技术层面的革新

数字媒体技术的发展，为报刊行业提供了新的可能性和机遇。例如，采用数据新闻技术可以使新闻报道更加可视化、数据化，增强新闻的吸引力和说服力。此外，可以利用人工智能技术辅助新闻采写、编辑、审稿等工作，减轻编辑的工作负担，提高新闻生产的效率。

（三）运营模式创新

报刊行业需要进行多元化经营，拓展新的盈利模式。企业可以利用自身的品牌影响力和内容资源，开展版权合作、内容合作和广告合作等业务，形成各方共赢的合作关系。此外，也可以开展线下活动、文化创意产品等业务以增加收入来源。

（四）编辑方式创新

数字化时代的读者对新闻内容的要求越来越高，报刊行业需要提供更加丰富、多样、个性化的新闻内容。编辑们需要更加关注读者的需求和反馈，提供有深度的报道和观点，以吸引读者的关注和认可。新媒体时代的特点是新闻的时效性强，这就要求新闻工作者要更加注重信息的收集、整合与分析。只有这样才能满足现代消费者对于新闻产品深度、分析性的需求。

（五）传播渠道创新

为顺应时代与读者的需求，报刊行业需要积极开拓数字化传播渠道，如社交媒体、新闻客户端、搜索引擎等，通过建设和优化自身网站，提升网站的流量和用户黏性，以扩大自身的传播力和影响力。同时，报刊行业也应与新媒体渠道进行合作，发挥各自的优势，实现资源共享、互惠共赢。数字化转型是数字时代下传统媒体行业面对挑战和机遇所必须进行的战略性举措。在数字

第七章 媒体数字化时代报刊行业的广泛传播

媒体发展的大背景下,报刊行业只有进行数字化转型,实现从单一传播方式向全媒体和全平台的扩展,实现从生产效率和质量的提高、盈利模式的拓展、创新编辑方式到传播渠道的多元化,才能更好地满足读者的需求,实现自身的长足发展[①]。

三、数字化转型面临的挑战

数字化转型对于报刊行业来说,是一个艰难而烦琐的过程。在这个转型过程中,报刊企业面临着许多挑战和困难。

(一)技术投入不足

数字化技术的不断发展和更新迭代使得报刊企业需要不断进行技术投入,以保持自身的竞争力和市场地位。然而,由于资金和人力资源等方面的限制,一些报刊企业在技术投入方面存在不足,导致数字化转型进程缓慢。如果企业在数字化转型的过程中缺乏尝试新技术的能力,则很难在竞争中占据优势地位,甚至无法获取新的收入来源。在这些企业的数字化转型中,仅仅依靠简单的"互联网+"或电子化并不足以使其成功实现数字化转型。这些企业需要更多的人员和资源来升级技术设施,以满足对信息基础设施的需求,或者采用先进的 IT 技术。为此,政府、产业团体和科技机构在为报刊企业提供更多资源和支持的同时,还需要促进企业间的跨行业合作,消除技术壁垒,为企业提供充足的技术支持。

(二)编辑与读者之间的互动不足

在数字化时代,读者对新闻内容和编辑方式的要求越来越高,他们更注重与媒体的互动和参与。这意味评论反馈是必要的。一

---

① 高唱.浅析数字化时代传媒产业的发展趋势[J].报刊荟萃:下,2018(10):1.

些报刊企业在数字化转型过程中仍然沿用传统的编辑方式和传播模式，缺乏与读者的互动，导致读者流失，使自身的影响力下降。这一现象反映出数字化转型过程中存在的一种传统与现代的冲突。因此，报刊企业需要顺应时代的潮流，积极采取措施实现与读者的互动。例如，运用社交媒体和互联网的流媒体技术来提高读者参与度，实现对话和协作，进一步提高新闻写作的质量，为媒体发展提供坚实的基础。

（三）版权保护和内容监管难度增大

在数字化时代，信息的快速传播和便利化使得版权保护和内容监管变得更加困难。随着新闻媒体形态不断创新，新闻内容的来源和形式也变得越来越多样化，给版权保护和内容监管带来了新的挑战。一些报刊企业在数字化转型过程中缺乏有效的版权保护和内容监管机制，导致产生版权纠纷和不良信息的传播等问题，严重影响了媒体的声誉和公信力。因此，企业需要采取一系列措施来解决版权保护和内容监管方面的问题。例如，建立全面的版权保护机制，并利用现代数字技术对信息进行安全监管。这样可以保护新闻的核心价值，从源头上控制不良信息的传播，提高新闻网站内容的质量。

（四）数据安全风险加大

在数字化转型过程中，报刊企业需要收集、存储和分析大量的用户数据，以便进行精准的内容生产和广告营销。期间数据泄露、黑客攻击等安全风险也随之增加，给企业的数据安全带来了极大的隐患。一旦发生数据泄露事件，不仅会影响用户的隐私安全，还会损害企业的声誉和业务运营。

提高数据安全性是解决数据安全风险的最佳途径。为此，企业需要加强数据的加密和安全管理，而政府应完善相应的数据保护法律法规。同时，企业应加强员工的安全意识培训，制定数据安全管理规定，并加强对其执行情况的监管和管理，以最大限度地减少数据泄露的风险。

数字化转型对于报刊行业来说是一个不可逆转的趋势。在数字化时代，报刊企业只有不断探索新的经营模式，更新管理方式，才能适应未来社会的发展和变化。

第二节 媒体数字化时代报刊行业的新模式构建

一、媒体数字化采访模式的构建

数字化技术的发展和普及使得媒体数字化采访模式逐渐成了新闻采访的主流模式。这种模式的构建可以大大提高新闻采访的效率和质量。下面将从媒体数字化时代报刊行业的新闻采访流程、敏捷采访、精益采访和敏捷且精益的采访内涵四个方面探讨媒体数字化采访模式的构建。

（一）新闻采访流程

在媒体数字化时代，报刊行业的新闻采访流程发生了很大的变化。数字化技术让新闻采访变得更加高效和便捷。在数字化新闻采访流程中，记者可以使用各种数字化工具和设备，如数码相机、智能手机、平板电脑等来采集新闻素材。这些工具和设备可以帮助记者快速记录、整理和传输新闻素材，大大提高新闻采访的效率和质量。

（二）敏捷采访

敏捷采访是一种快速、高效、灵活的新闻采访方式。在敏捷采访中，记者需要快速确定采访目标，并快速制订采访计划。在采访过程中，记者需要灵活地应对各种变化和意外情况，并及时调整采访计划。敏捷采访的核心是快速响应和灵活应对。这种采访方式可以大大提高新闻采访的效率和准确性。

（三）精益采访

精益采访是一种注重细节、追求完美的新闻采访方式。在精益采访中，记者需要注重每一个细节，尽可能地追求完美的采访效果。精益采访的核心是追求完美和注重细节。这种采访方式可以大大提高新闻采访的质量和可读性。

（四）敏捷且精益的采访内涵

在媒体数字化采访模式的构建中，敏捷和精益两种采访方式都有其优点和缺点。敏捷采访可以快速响应和灵活应对，但往往难以追求完美；精益采访可以追求完美和注重细节，但往往难以快速响应和灵活应对。因此，在构建媒体数字化采访模式时，我们需要将敏捷和精益两种采访方式结合起来，形成一种敏捷且精益的采访模式。这种模式既能够快速响应和灵活应对，又能够追求完美和注重细节，可以大大提高新闻采访的效率和质量。

二、媒体数字化新闻编辑模式的构建

为了更好地适应数字化时代的需求，构建媒体数字化新闻编辑模式已成为新闻媒体行业的迫切需求。下面将从并行协同工程理论出发，探讨基于并行协同的数字化媒体新闻编辑内涵，并构建数字化全媒体新闻编辑并行协同模式，以期为新闻媒体行业提供一种高效、便捷、可操作的数字化新闻编辑模式。

第七章 媒体数字化时代报刊行业的广泛传播

（一）并行协同工程理论

并行协同工程是一种将复杂工程项目分解为多个相互关联、相互制约的任务集合，并由不同的团队或人员同时进行开发和协同工作的工程方法。在新闻编辑工作中，数字化新闻编辑模式需要将新闻内容进行数字化处理，包括文字、图片、音频、视频等多种形式，同时还需要将这些内容进行整合和呈现，是一项复杂的工程任务。因此，可以采用并行协同工程理论，将数字化新闻编辑任务分解为多个子任务，由不同的编辑团队或编辑人员同时进行开发和协同工作，以提高数字化新闻编辑的效率和质量。

（二）基于并行协同的数字化媒体新闻编辑内涵

并行协同是一种重要的工作方式，它可以使编辑工作实现更高的效率和更好的结果。在数字化媒体新闻编辑方面，其内涵包括多元化编辑、实时化编辑、个性化编辑和协同化编辑四个方面。

1. 多元化编辑

数字化媒体新闻需要对新闻内容进行数字化处理，包括文字、图片、音频、视频等多种形式。编辑人员需要具备多元化的编辑技能和素养，能够熟练处理各种形式的新闻素材。因此，多元化编辑是数字化媒体新闻编辑的重要内涵之一。

2. 实时化编辑

数字化媒体新闻需要将新闻内容实时呈现给读者。因此，编辑人员需要具备实时化编辑的能力，能够快速、准确地处理新闻内容，并将其呈现给读者。只有具备实时化编辑的能力，才能保证新闻内容的及时性、准确性和全面性。

3. 个性化编辑

数字化媒体新闻需要根据读者的个性化需求进行编辑。编辑人员需要具备个性化编辑的能力，能够根据读者的兴趣和需求进行新闻内容的选取和处理。只有具备个性化编辑的能力，才能更好地满足读者的需求，提高读者阅读体验。

4.协同化编辑

数字化媒体新闻将不同形式的新闻内容进行整合和呈现，是一项复杂的工程任务。编辑人员需要具备协同化编辑的能力，即能够与其他编辑人员或团队进行协作配合，共同完成数字化新闻编辑任务。只有具备协同化编辑的能力，才能更好地协调整个编辑团队的工作，提高工作效率。

总的来说，数字化媒体新闻编辑是一项复杂且重要的工作。在数字化媒体新闻编辑的工作中，如何进行并行协同则是重中之重。多元化编辑、实时化编辑、个性化编辑和协同化编辑是数字化媒体新闻编辑的主要内涵。只有具备这些能力，编辑人员才能更好地完成数字化媒体新闻的编辑工作，提高内容质量，满足读者需求，不断发展数字化媒体行业。

（三）数字化全媒体新闻编辑并行协同模式

数字化全媒体新闻编辑是指利用数字化技术手段将文字、图片、音频、视频等多种信息形式进行融合、整合和重构，以快速、准确和及时地传递消息。研究数字化全媒体新闻编辑模式可以有效提高数字化新闻编辑的质量和效率，更好地满足读者对于新闻信息获取的需求，这也是新闻行业发展的必然趋势。

并行协同理论下的数字化全媒体新闻编辑模式包括任务分解、人员分组、并行协同、整合呈现和反馈调整五个阶段。在任务分解阶段，编辑人员需要将数字化新闻编辑任务分解为多个子任务，例如文字编辑、图片编辑、音频编辑、视频编辑等。在人员分组阶段，编辑人员需要根据不同的子任务将编辑人员分组，如文字编辑组、图片编辑组、音频编辑组、视频编辑组等。在并行协同阶段，各组别同时进行数字化新闻编辑工作，并实时共享和协同处理编辑成果。在整合呈现阶段，各组别的编辑成果将进行整合和呈现，形成完整的数字化新闻报道。在反馈调整阶段，编辑人员需要根据读者反馈和实际效果进行调整和优化，不断提高数字化新闻编辑的质量和效率。

通过以上环节的并行协同工作，可以实现数字化全媒体新闻编辑的高效、便捷和可操作化。同时，还可以采用数字化技术手段，如云计算、大数据分析等，进一步提高数字化新闻编辑的智能化和自动化水平。数字化技术的应用将有力促进数字化新闻编辑的发展，提高数字化全媒体新闻编辑的质量和效率。

在实践中，数字化全媒体新闻编辑面临着一些挑战，例如数字化技术应用不普及、新闻编辑人员技能水平参差不齐、新闻传播渠道不畅通等问题。为应对这些挑战，需要加强数字化技术训练、建设更完善的数字化新闻编辑平台、推进数字新闻传播渠道的建设等措施，不断提升数字化全媒体新闻编辑的质量和效率，更好地服务读者和社会大众的需求。在未来的发展趋势中，数字化全媒体新闻编辑将继续面临机遇和挑战。因此，需要深入研究数字化全媒体新闻编辑的模式和方法，在数字化技术应用和新闻传播渠道方面不断创新，以实现更高效、精准和多元化的数字化全媒体新闻报道，为新闻传播事业的发展作出积极贡献。

二、媒体数字化新闻审发模式的构建

新闻审发是报刊行业全工作流程的重要环节，包括数字化全媒体的新闻审发流程设计、数字化新闻审核规则的建立、新闻前置协同审核作业模式的建立以及数字化全媒体新闻协同发布规则的构建和数字化新闻协同发布作业模式的建立，下面将探讨如何构建数字化新闻审发模式。

（一）数字化全媒体的新闻审发流程设计

数字化全媒体的兴起对传统新闻行业产生了深刻的影响。在全媒体时代，新闻业务在数字化的基础上得以高速发展，但在此过程中，新闻素材的原始性、准确性和权威性问题也越来越明显。因此，设计一个高效、严谨、科学的数字化全媒体新闻审发流程是非常必要的。

数字化全媒体的新闻审发流程分为新闻线索采集、新闻审核、新闻编辑、新闻前置处理、新闻协同审核、新闻发布等。其中，不同的环节具有不同的重要性和难点。新闻线索采集可以通过人工搜集和自动爬取的方式获取：前者具有人工智能无法替代的人性思维、判断力和把握新闻节奏的能力；后者则具有效率高、速度快的优势。新闻审核可根据不同的新闻类型和媒体特点进行差异化处理，提高准确性和权威性，但要杜绝虚假新闻、低俗新闻、不实报道等问题。新闻编辑环节要根据不同的媒体类型和观众需求进行精细化处理，将新闻素材变成具有品质、专业和创新的新闻作品。新闻前置处理是整个流程的重要环节之一，包括新闻采集、初步编辑、初步审核等环节。该环节将新闻素材进行快速处理并传递到新闻协同审核环节，确保信息传输的速度和准确性。新闻协同审核是多个部门和专业人员共同参与的环节，包括内容编辑、视频编辑、审核员、值班主编等，通过各自的角色和工作流程，保证新闻内容的准确性和权威性，做到检查不漏洞，审核不失精髓。最后的新闻发布环节则是将新闻作品在适当的时间、适量的渠道，以人性化的方式进行发布，将最优质的新闻内容呈现给受众。

针对目前数字化全媒体的新闻审发流程存在的问题，需要进行如下优化。在新闻审核和编辑环节中，需要建立统一的标准和流程，按照不同新闻类型和媒体特点进行有针对性的处理。在新

第七章 媒体数字化时代报刊行业的广泛传播

闻前置处理环节中,需要加强新闻源头的筛选和管理,杜绝虚假新闻、不实报道等问题。在协同审核环节中,需要加强各个部门间的沟通协调能力,使反馈和处理的速度更快、更高效。

数字化全媒体的新闻审发流程的建立,不仅是新时代新闻业务迅猛发展的必然要求,更是全媒体新闻传播环境下品牌或机构的发展和声誉所依赖的保障。数字化全媒体的新闻审发流程的建设有助于提升新闻素材的品质和新闻作品的专业性,更好地满足受众的需求和期待。只有通过建立高效、严谨、科学的审发流程,才能确保新闻内容的准确性和权威性,提升媒体的信誉度,体现新闻事业的公共价值。

(二)数字化新闻审核规则的建立

社会的不断进步和科技的不断发展使得数字化新闻成为人们获取信息的重要途径。然而,这也带来了一系列问题和挑战。如何确保数字化新闻的真实性、准确性和权威性,以及如何进行高效的审核,成为数字化新闻审发模式中需要重视和解决的问题。因此,建立数字化新闻审核规则对于数字化新闻的质量管理和可持续发展具有重要的现实意义和战略意义。

作为数字化新闻审发模式的核心内容之一,数字化新闻审核应严格审查新闻素材的完整性、准确性、权威性、合法性和合理性。在政治和经济事件报道方面,审核标准应更为严格,以确保准确性和权威性。对于娱乐新闻和社会新闻,审核要求须保证新闻的完整性和合理性。数字化新闻审核规则还需考虑不同类型媒体的特点,制定差异化处理方案。此外,数字化新闻审核规则应明确审核人员的职责和权限,如验证和检查新闻信息的真实性、准确性、权威性、合法性和合理性。审核规则应记录审核结果和反馈机制,评估和调整审核结果,及时发现和纠正问题,提高审核质量和效率。

在建立数字化新闻审核规则时，可以借鉴成熟的管理模式，例如《ISO 9001：2015 质量管理体系标准》。该标准内置了规章制度、标准程序、文件记录、内审等管理要素，将其应用于数字化新闻审核规则的建立，将有助于数字化新闻审核规则的实施和运营。目前，数字化时代已成为我们生活和工作的一部分，为了确保数字化新闻的真实性、准确性和权威性，我们必须加强数字化新闻审核规则的建设。数字化新闻审核规则的建立不仅适用于传统媒体，还适用于数字媒体平台。该规则不仅可以提高数字化新闻的质量，还可以促进数字化新闻审发模式的可持续发展。

（三）新闻前置协同审核作业模式的建立

数字化新闻审发模式是近年来传媒领域的重要改革之一，为了应对日益增长的新闻量和快速变化的舆情态势，许多传媒机构开始探索数字化审发模式。其中，新闻前置协同审核作业模式是关键环节之一，其优劣直接影响审核效率、准确性和权威性。因此，在建立数字化新闻审发模式的过程中，需要深入研究和探讨新闻前置协同审核作业模式。

新闻前置协同审核作业模式由新闻采集、初步编辑、初步审核、协同审核和审核反馈等环节组成，旨在快速获取高质量的新闻素材，并将其迅速传递到协同审核环节。初步编辑和初步审核是前置处理的重要环节，用于对新闻素材进行初步处理和审核，以便快速传递到下一个环节。协同审核环节涉及多个部门和专业人员，如内容编辑、视频编辑、审核员和值班主编等，其目的是确保新闻内容的准确性和权威性，并在审核通过后快速发布。可以说，新闻前置协同审核作业模式是数字化新闻审发模式的核心环节之一。

为了充分发挥新闻前置协同审核作业模式的效益，需要明确各环节的责任人和工作流程，以及各环节之间的衔接和配合方式。

在新闻采集环节中，应明确采集的数量和质量标准，并建立完善的采集系统，以保证效率和质量。在初步编辑和初步审核环节中，应明确处理和审核的标准，并根据不同新闻类型和特点设定不同的标准。在协同审核环节中，需要建立多部门之间的沟通协调机制，以便及时解决审核中出现的问题。在审核反馈环节中，应建立完善的反馈系统，及时发现和纠正审核中的问题，提高审核质量和效率。

新闻前置协同审核作业模式是数字化新闻审发模式中非常重要的环节，对于保证新闻内容的准确性、及时性和权威性具有至关重要的作用。若想使该模式发挥最大效益，需要明确各环节的责任人和工作流程，建立完善的沟通协调机制和反馈系统，以提高审核质量和效率。

（四）数字化全媒体新闻协同发布规则的构建

数字化全媒体新闻协同发布规则是数字化新闻审发模式的核心内容之一。在构建这一规则时，需要考虑新闻发布的完整性、准确性、权威性、合法性和合理性等方面，同时也要针对不同类型媒体提出差异化处理要求。

数字化全媒体新闻协同发布规则应该明确不同类型媒体的发布要求。例如，对于报纸媒体，规则需要确保版面设计和内容安排的合理性；对于电视媒体，需要保证画面质量和语言文字的准确性；对于网络媒体，需要保证网页设计和内容呈现的易读性和可访问性。这些要求既要符合各种媒体的特点，又要保证信息的准确性和权威性。

在数字化全媒体新闻协同发布规则中，应明确发布人员的职责和权限，以确保发布结果的质量。发布人员在进行新闻发布之前应具备必要的新闻判断能力和传播技能。记录和反馈机制可以有效保证发布过程的顺畅进行。此外，应建立发布结果的评估机制,及时发现和纠正发布中出现的问题,提高发布质量和效率。

新闻发布的完整性、准确性、权威性、合法性和合理性是数字化全媒体新闻协同发布规则的基本要求。完整性要求新闻稿件具备完整的信息,尽可能涵盖相关方面。准确性要求新闻报道精准地反映事实,避免夸大或歪曲报道。权威性要求新闻媒体具备相应的权威,准确反映媒体的定位和社会责任。合法性要求新闻报道符合国家法律法规的要求,避免侵犯他人合法权益。合理性要求新闻报道符合新闻行业的规范和伦理要求,避免不当报道和激进报道等不负责任的做法。

在数字化全媒体新闻协同发布规则中,还应注意特殊情况下新闻的处理,如紧急事件、突发事件、敏感事件等。在这些情况下,对新闻发布的要求更为严格,需要更及时和准确地发布新闻,以减少对社会的影响和损害。

总之,数字化全媒体新闻协同发布规则的构建对于新闻产业健康发展至关重要。随着新媒体时代数字化全媒体新闻协同发布在新闻审发中的地位不断提高,企业需要在建立更为科学规范的基础上推进数字化新闻产业的发展,提高新闻信息的质量和传播的效果。

(五)数字化新闻协同发布作业模式的建立

数字化新闻协同发布作业模式是数字化新闻审发模式的关键环节之一。该作业模式包括新闻编辑、视频编辑、美工设计、语言文字校对、发布审核和发布管理等环节。其中,美工设计和语言文字校对是传统媒体编辑工作的两个重要环节,旨在确保新闻发布的完整性和准确性。而发布审核和发布管理则是数字化全媒体编辑工作的两个重要环节,目的是确保新闻发布的权威性、合法性和合理性。

在数字化新闻协同发布作业模式中,应明确各环节的责任人和工作流程，以及各个环节之间的衔接和配合方式。同时，建立完善的发布结果记录和反馈机制，及时发现和纠正发布过程中出现的问题，提高发布质量和效率。数字化新闻审发模式的构建需要从多个方面入手，包括数字化全媒体的新闻审发流程设计、数字化新闻审核规则的建立、新闻前置协同审核作业模式的建立、数字化全媒体新闻协同发布规则的构建以及数字化新闻协同发布作业模式的建立等。通过这些措施的实施，可以有效提高新闻媒体的编辑质量和效率，推动媒体融合不断深入发展。

第八章　媒体数字化时代社区教育的资源共享

第一节　媒体数字化时代社区教育资源共享的现状

数字化技术的快速发展和广泛的应用，使得社区教育迎来了数字化资源建设的新时代。社区教育的数字化资源是指基于数字化技术，为社区教育提供各种教学资源和服务，包括课程教材、教学视频、多媒体课件、在线测试、互动交流等。下面将从社区教育数字化资源的内涵、特征以及建设现状等方面进行探讨。

一、社区教育数字化资源的概述

（一）社区教育数字化资源的内涵

社区教育数字化资源是利用数字化技术支持的教育资源，是为社区教育提供各种教学资源和服务的一种新型教育模式，它的内涵包括多个方面。

社区教育数字化资源包括丰富的教学资源，如数字化课程教材、教学视频、多媒体课件等传统教学资源。这些资源通过数字化技术的应用，可以更加生动、直观地呈现知识，为学员提供更具互动性和趣味性的学习方式。

社区教育数字化资源还包括在线测试和评估工具，学员可以通过在线平台进行自测、互动测验和作业提交，从而检验学习效果和加深对知识的理解。这样的评估工具可以及时反馈学习成果，帮助学员自我调整学习进度和方法。

社区教育数字化资源还可以提供互动交流平台，通过在线讨论区、社交媒体和在线学习社群等，学员可以与其他学员和教师进行交流和分享学习心得，促进学习者之间的互动和合作，增强学习的社群感。

社区教育数字化资源还可以包括在线学习工具和应用程序，如在线词典、语言学习软件、绘画工具等，为学员提供更便捷、灵活的学习工具和学习环境。

社区教育数字化资源的内涵包括了丰富的教学资源、在线测试和评估工具、互动交流平台以及在线学习工具和应用程序等。这些资源的建设和应用旨在提高社区教育的质量和水平，满足社区居民在不同年龄阶段、职业背景和兴趣爱好上的学习需求。通过数字化技术的支持，社区教育可以更加灵活、个性化地进行教学，促进学员的全面发展和社区教育的可持续发展。

（二）社区教育数字化资源的特征

1. 多样性

社区教育数字化资源种类繁多，内容丰富多样，涵盖了各个领域的知识和技能。学员可以根据自己的兴趣和需求选择不同的课程和教学资源进行学习。

2. 实时性

社区教育数字化资源可以通过网络实现实时更新和共享，学员可以随时获取最新的知识和信息。

3. 互动性

社区教育数字化资源提供了互动交流的功能，学员可以在线与其他学习者互动交流，分享学习经验和感受，增强学习效果。

4. 个性化

社区教育数字化资源可以根据居民的个人信息和需求，提供个性化的学习方案和教学资源，满足不同居民的学习需求。

5. 便捷性

社区教育数字化资源可以通过各种终端设备随时随地访问和使用，方便居民学习。

（三）社区教育数字化资源建设现状

目前，我国在社区教育数字化资源建设方面已经取得了一定的成果。各地纷纷建立了社区教育数字化资源平台和在线课程库，为居民提供了丰富多样的数字化学习资源。同时，一些地方还在积极开展数字化资源推广活动，提高了居民对数字化资源的认知度和利用率。然而，在社区教育数字化资源建设过程中仍存在一些问题。如不同地区之间的数字化资源建设水平存在差异，一些经济落后地区的数字化资源建设相对滞后，这需要加强对经济落后地区的支持，促进数字化资源的均衡发展，提高数字化资源的普及率。

数字化资源的常见问题是版权问题，即存在侵权行为。因此，建立数字化资源版权管理机制，加强版权保护，打击侵权行为，保障数字化资源创作者的合法权益是十分重要的。此外，数字化资源的质量和适用性也需要得到进一步提高，以满足不同居民的学习需求。在建设数字化资源平台和在线课程库时，应根据不同居民的学习需求，提供更加符合实际需求的学习资源和服务，提高数字化资源的质量和适用性。

针对这些问题，未来社区教育数字化资源建设需要采取以下措施：1. 加强对经济落后地区的支持，促进数字化资源的均衡发展，提高数字化资源的普及率。2. 建立数字化资源版权管理机制，加

第八章 媒体数字化时代社区教育的资源共享

强版权保护，打击侵权行为，保障数字化资源创作者的合法权益。

3.根据不同居民的学习需求，提供更加贴近实际需求的学习资源和服务，不断提高数字化资源的质量和适用性。

社区教育数字化资源建设是推进全民数字化学习的重要举措，具有深远的意义。随着数字化技术的不断发展和应用，社区教育数字化资源将发挥更加重要的作用，为居民提供更加便捷、高效、优质的学习服务，推动全民数字化学习的进程。

二、社区教育数字化资源共享

当社区教育向数字化方向转型，社区教育数字化资源共享成了推动数字化社区教育发展的重要手段之一。下面将从社区教育数字化资源共享的内涵、要素和意义三个方面进行探讨。

（一）社区教育数字化资源共享的内涵

社区教育数字化资源共享是指整合社区内各类数字化教育资源，如课程资源、学习资源、师资资源等，实现资源的共享和共同利用，以实现资源的最大化利用和优化配置。这种共享模式不仅可以提高教育资源的利用效率，还可以促进社区内的互动和交流，增强社区成员之间的归属感和参与度。

1.教育资源整合与分类

通过数字化技术，将社区内各类教育资源进行整合和分类，形成一个集中管理的数字化资源库。这样一来，不同居民可以通过共享平台访问和利用这些资源，提高资源利用效率和覆盖范围。

2.多方资源共享与互动

社区教育数字化资源共享不仅包括学校、教育机构的资源，还包括社区居民自身的学习资源和经验分享。通过共享平台，居民可以相互借鉴、交流和分享资源，激发学习的互动性和参与度。

3.社区协同发展与合作

数字化资源共享促进了社区内教育资源的协同发展和合作。不同学校、教育机构之间可以共享教育资源，共同组织课程、活动，提供更丰富多样的学习机会和服务，推动整个社区的教育水平提升。

4.跨界合作与创新

社区教育数字化资源共享鼓励不同领域的合作与创新。例如，学校可以与社区组织、企业合作，共同开发数字化教育资源；社区居民可以与教育专家、志愿者合作，共同创造和分享学习资源。这种跨界合作与创新有助于拓宽教育资源的来源和形式，为学员提供更具创造力和实用性的学习内容。

社区教育数字化资源共享的实施需要建立相应的平台和机制，促进资源共享和交流的便利性和有效性。同时需要注重隐私保护和版权管理，确保资源共享的合法性和公正性。通过社区教育数字化资源的共享，可以为社区居民提供更丰富、高质量的学习资源，促进社区教育的全面发展和社区成员的终身学习。

（二）社区教育数字化资源共享的要素

1.资源整合

社区教育数字化资源共享的核心是资源的整合，即将社区内的各种数字化教育资源进行分类、整理和整合，建立资源库和共享平台，使资源能够得到有效的管理和利用。

2.平台建设

社区教育数字化资源共享需要建立一个完善的共享平台，包括网络教育平台、移动教育平台等，以便社区成员能够方便地获取和利用教育资源。

3.师资力量

社区教育数字化资源共享需要有一支稳定的、专业的师资队伍，能够提供高质量的教育教学资源和服务。

4. 课程资源

社区教育数字化资源共享需要提供丰富的课程资源，包括在线课程、微课程、网络课程等，以满足不同社区成员的学习需求。

5. 学习资源

社区教育数字化资源共享需要提供各种学习资源，包括电子书籍、教学视频、学习软件等，以帮助社区成员更好地学习和掌握知识。

（三）社区教育数字化资源共享的意义

1. 提高教育资源利用效率

社区教育数字化资源共享可以避免教育资源的重复建设和浪费，提高资源的利用效率，使得社区内的教育资源得到最大化利用。

2. 促进社区互动和交流

社区教育数字化资源共享可以为社区成员提供一个交流和互动的平台，加强社区成员之间的联系和互动，促进社区的和谐发展。

3. 扩大教育覆盖面

社区教育数字化资源共享可以扩大教育覆盖面，让更多的社区成员能够享受到高质量的教育教学资源和服务，提高社区成员的综合素质和文化水平。

4. 推动数字化社区教育发展

社区教育数字化资源共享是推动数字化社区教育发展的重要手段之一。通过数字化资源共享，可以促进数字化教育技术的应用和发展，推动数字化社区教育的创新和发展。

三、媒体数字化时代社区教育资源共享的现状和问题

媒体数字化时代，各种教育资源得到了空前的拓展和整合，但是也面临着一些问题和挑战。下面将从资源共享的现状和问题两个方面进行探讨和分析。

（一）媒体数字化时代社区教育资源共享的现状

1. 资源共享已经成为一种趋势

在媒体数字化时代，教育资源的数量和种类得到了空前的扩展，人们可以通过互联网、移动终端等各种渠道获取教育资源。在这种情况下，资源共享已经成为一种趋势，越来越多的机构和个人开始意识到资源共享的重要性，积极推动资源共享的实现。

2. 资源共享平台逐渐增多

随着资源共享的普及，越来越多的机构开始搭建资源共享平台，以促进教育资源的共享和交流。这些平台不仅包括大型的互联网公司，也包括一些专业性的机构和组织。这些平台通过提供优质的教育资源和服务，吸引着越来越多的用户。

3. 资源共享的形式和内容不断丰富

随着资源共享的不断发展，资源共享的形式和内容也在不断丰富。除了传统的文字、图片、视频等格式外，现在还出现了虚拟现实、增强现实等新的技术应用。这些应用可以为用户提供更加真实、丰富的教育体验。

4. 资源共享的技术应用逐渐升级

在资源共享的发展过程中，技术应用也在逐渐升级。一些新的技术应用已经开始出现，比如人工智能、大数据分析等。这些技术的应用可以更好地实现教育资源的智能推荐和个性化服务。

（二）媒体数字化时代社区教育资源共享的问题

1. 资源共享关系存在理念局限性

在媒体数字化时代，资源共享已经成为一种趋势，但是一些机构和个人的资源共享观念还存在局限性。这些局限性包括对资源共享的认识不足、对资源共享的安全担忧等，这些因素制约了资源共享的发展。

2. 资源共享内容和形式比较单一

虽然资源共享的形式和内容在不断丰富，但是目前仍然存在一些问题。一些平台的内容和形式比较单一，缺乏创新性和个性化，无法满足用户的多样化需求。另外，一些平台缺乏对用户需求的深入分析和了解，导致提供的服务和资源不符合用户的需求。

3. 资源共享的技术应用较为落后

虽然一些新的技术应用已经开始出现，但是目前仍有一些平台的技术应用比较落后。这些平台缺乏对新技术的研究和应用，导致提供的服务和使用体验不够优质。

4. 资源共享的营销渠道相对分散

在资源共享的发展过程中，营销渠道也存在着分散的问题。一些平台缺乏统一的营销策略和渠道，导致推广和宣传的效果不够理想。

5. 资源共享的管理制度不够规范

在资源共享的发展过程中，管理制度也存在着不够规范的问题。一些平台缺乏对管理制度的重视和完善，导致资源共享的过程和结果不够安全和可靠。

第二节 媒体数字化时代社区教育资源共享的策略

一、媒体数字化对社区教育资源共享的推动作用

媒体数字化的发展,使得社区教育资源共享面临着新的机遇和挑战。媒体数字化技术的出现,不仅改变了传统教育的形式和内容,也为社区教育资源共享提供了新的推动力量。下面将从对社区教育资源共享关系、内容、技术、渠道和管理等方面的影响出发,探讨媒体数字化对社区教育资源共享的推动作用。

(一)对社区教育资源共享关系的推动

媒体数字化的发展,使得人们获取信息的途径更加便捷和多样化,这也为社区教育资源共享提供了更好的实现条件。在媒体数字化的推动下,社区教育资源共享关系也发生了变化。媒体数字化技术为社区教育资源共享提供了更加紧密的互动和交流平台,人们可以通过社交媒体、在线论坛等方式,快速地分享信息和资源,从而促进社区教育资源共享的发展。媒体数字化技术也为社区教育资源共享提供了更加灵活的组织形式,人们可以通过在线课程、学习小组等方式,自由地选择学习和交流的方式,从而促进社区教育资源共享的多元化和个性化发展[1]。

(二)对社区教育资源共享内容的推动

媒体数字化技术的出现,使得社区教育资源共享的内容更加

---

[1] 黄小爽.信息技术发展下的社区教育模式研究[J].科学与信息化,2019(7):2.

丰富和多样化。在过去，社区教育资源通常是以书籍、报刊、电视等形式呈现，内容较为单一。随着媒体数字化技术的发展，社区教育资源共享的内容可以通过视频、音频、多媒体等形式呈现，内容更加生动、形象和有趣。此外，媒体数字化技术还可以实现资源的分类和搜索，使得人们更加方便地找到自己需要的学习资源，从而促进了社区教育资源共享的普及和发展。

（三）对社区教育资源共享技术的推动

媒体数字化技术的发展，为社区教育资源共享提供了更加先进和高效的技术支持。媒体数字化技术可以实现资源的数字化存储、传输和分享，从而使得社区教育资源的共享更加便捷和高效。媒体数字化技术可以实现资源的智能化处理和管理，例如通过人工智能技术实现资源的自动分类、搜索和推荐，从而提高社区教育资源的管理和利用效率。媒体数字化技术还可以实现资源的交互式学习和体验，例如通过虚拟现实技术、在线实验等方式，使得学习者可以更加生动、形象地了解和掌握知识，从而提高社区教育资源的学习效果。

（四）对社区教育资源共享渠道的推动

媒体数字化技术的发展，为社区教育资源共享提供了更加广泛和多元的渠道和平台。在过去，社区教育资源通常是通过学校、社区、图书馆等传统渠道进行传播和共享。随着媒体数字化技术的进步，社区教育资源的共享渠道变得更加广泛和多元，例如，通过在线课程、学习社区、社交媒体等方式进行传播和共享。这些渠道和平台可以满足不同学习者的需求和兴趣，从而促进社区教育资源共享的普及和发展。

（五）对社区教育资源共享管理的推动

媒体数字化技术的发展，为社区教育资源共享的管理提供了更加便捷和高效的手段和工具。媒体数字化技术可以实现资源的数字化管理和跟踪,例如通过数据库管理工具实现资源的分类、搜索和统计,从而提高社区教育资源的管理效率。媒体数字化技术可以实现资源的授权和管理,例如通过权限控制、数字版权管理等方式,保障学习者的权益和资源的合法使用。媒体数字化技术还可以实现资源的评价和反馈,通过学习记录、学习数据分析等方式,了解学习者的学习情况和需求,从而为社区教育资源的改进和优化提供更好的支持和服务。

二、媒体数字化时代社区教育资源共享的有效策略

(一)媒体数字化时代社区教育资源共享的内容建设

1. 媒体数字化时代社区教育资源共享的重要性

在媒体数字化时代,社区教育资源共享的重要性越来越突出。随着信息技术的不断发展和普及,数字化教育资源已经成为社区教育的重要组成部分。数字化教育资源具有多样化的形式和丰富的内涵,可以满足不同年龄、不同兴趣爱好的居民的学习需求。通过社区教育资源共享,可以有效地提高居民的素质和生活质量。

2. 媒体数字化时代社区教育资源共享的内容建设策略

在媒体数字化时代,社区教育资源共享的内容建设是实现资源共享的关键。

(1)建立丰富多样的教育资源库

在媒体数字化时代,教育资源已经不再局限于传统的书籍和课件,而是包括音频、视频、动画、游戏等多种形式的数字化资源。因此,建立丰富多样的数字化教育资源库是实现社区教育资源共享的前提。这包括收集和整合各类教育资源,涵盖不同学科、不同年龄段、不同兴趣领域的内容,以满足社区居民的多样化学习需求。

(2) 制定标准化的资源格式

在媒体数字化时代，资源的格式对于共享和传播至关重要。为了确保资源的可共享性和兼容性，应制定标准化的资源格式，以便不同平台和设备能够顺利访问和使用这些资源。标准化的资源格式可以提高资源的可访问性和可用性，促进社区教育资源的广泛共享。

(3) 建立资源评价系统

在媒体数字化时代，资源的评价是至关重要的。建立一个完善的资源评价系统，可以确保资源的优质性和适用性，提高资源共享的效果。这包括对资源的内容、教学设计、用户评价等方面进行评估和反馈，以不断提升资源的质量和价值。

以上海市社区教育为例，该地区已经建立了一个完整的数字化教育资源库，包括课程资源、学习资源、教师资源等。同时，上海市社区教育还制定了一系列标准化的资源格式，确保资源的品质和兼容性。社区还建立了一个完善的资源评价系统，通过对资源的评价来确保资源的优质性和适用性。通过有效的内容建设策略，可以提高社区教育资源共享的效果，促进居民素质和生活质量的提高。

在媒体数字化时代，我们应继续探索创新的教育资源形式和共享模式，充分发挥数字化技术的优势，为社区居民提供更丰富、便捷、个性化的学习资源和服务，推动社区教育的全面发展。

(二) 媒体数字化时代社区教育资源共享的平台搭建

在媒体数字化时代，社区教育资源共享的平台是实现资源共享的基础。以下是一些有效的平台搭建策略。

1. 选择适合的平台

在选择平台时需要考虑到平台的稳定性、安全性、易用性以及维护成本等因素，确保平台能够满足社区教育资源共享的需求。

2. 设计良好的用户界面

在媒体数字化时代,用户界面是至关重要的。设计良好的用户界面可以吸引更多的用户参与资源共享,提高资源的利用率。

3. 支持多种终端设备

在媒体数字化时代,终端设备是多种多样的。为了满足用户的需求,平台应该支持多种终端设备,包括手机、平板电脑、电脑等。

4. 定期更新和维护

在媒体数字化时代,平台需要定期更新和维护,以确保平台的稳定性和安全性,更新时可以增加新的功能和资源。

(三)媒体数字化时代社区教育资源共享的渠道拓展

随着媒体数字化时代的到来,社区教育资源共享成为越来越重要的话题。下面我们将探讨媒体数字化时代社区教育资源共享的渠道拓展策略。

1. 利用社交媒体是促进资源共享的重要渠道

社交媒体平台具有广泛的用户群体,可以通过这些平台发布资源信息,扩大资源共享的范围和影响力。例如,可以在微信公众号上发布资源共享的信息,让更多的用户了解和分享这些资源;可以通过社交媒体平台建立用户群体,加强用户之间的联系和交流,提高资源的共享效果。

2. 建立社区网络是促进资源共享的重要途径

通过建立社区网络,可以将不同的用户连接在一起,加强他们之间的交流和合作。例如,可以建立一个社区网络平台,让用户之间可以互相交流和分享资源;可以通过社区网络平台开展各种线上和线下活动,加强用户之间的联系和交流,提高资源的利用率。

第八章 媒体数字化时代社区教育的资源共享

3. 开展线上线下活动是促进资源共享的重要手段

通过开展各种形式的活动，可以吸引更多的用户参与资源共享，提高资源的利用率。例如，可以举办资源分享会、讲座、研讨会等线下活动，让用户之间可以面对面交流和分享资源；可以通过在线课程、在线讨论等，吸引更多的用户参与资源共享。在媒体数字化时代，渠道拓展是促进社区教育资源共享的重要因素。通过利用社交媒体、建立社区网络、开展线上线下活动等策略，可以扩大资源共享的范围和影响力，提高资源的利用率。同时，需要注意保护资源的版权和安全性，避免出现纠纷和版权问题。

在媒体数字化时代，社区教育资源共享面临着许多新的挑战和机遇。随着数字化技术的不断发展，社区教育资源的形式和内容也在不断拓展和丰富。例如，利用虚拟现实、增强现实等技术，可以提供更加沉浸式和互动性强的学习体验。由于数字化技术的复杂性和多样性，社区教育资源共享也面临着许多技术、管理和法律等方面的问题和挑战。例如，如何确保资源的版权和知识产权不被侵犯，如何保护用户个人信息的安全等都是需要重视的问题。因此，需要进一步加强数字化技术的研究和应用，提高数字化技术的可靠性和安全性，为社区教育资源共享提供更加稳定和可靠的技术支持。同时，还需要加强相关政策和法规的制定，建立起健全的法律体系，保障资源共享的合法性和公平性。

在媒体数字化时代，社区教育资源共享具有重要的意义和价值。通过利用社交媒体、建立社区网络、开展线上线下活动等策略，可以扩大资源共享的范围和影响力，提高资源的利用率。因此，需要进一步加强数字化技术的研究和应用，提高数字化技术的可靠性和安全性，为社区教育资源共享提供更加稳定和可靠的技术支持。在未来，相信社区教育资源共享将会得到更加广泛的应用和推广，为推动教育信息化和数字化发展作出更加积极的贡献。

（四）媒体数字化时代社区教育资源共享的组织架构

在媒体数字化时代，组织架构是促进社区教育资源共享的重要保障。下面将介绍一些有效的组织架构策略，包括建立专业的团队、制定规范的管理制度、加强资源的保护和保密、建立合理的激励机制等，旨在为社区教育资源共享提供一些可行的解决方案。

1. 建立专业的团队

在媒体数字化时代，建立专业的团队是促进资源共享的重要措施之一。通过建立专业的团队，可以确保资源的优质性和适用性，提高资源共享的效果。因此，需要组建一支专业的团队，包括教育专家、技术专家、设计师等。这些专业人员可以对资源进行筛选、编辑和整理，确保资源的优质性和适用性。团队成员需要具备一定的媒体数字化技能和知识，例如数字图像处理、数字视频编辑、数字音频编辑等。这些技能和知识可以帮助团队成员更好地处理和编辑资源，提高资源的质量和适用性。

2. 制定规范的管理制度

在媒体数字化时代，制定规范的管理制度是促进资源共享的重要保障之一。通过制定规范的管理制度，可以确保资源的合法性和安全性，同时规范用户的行为和责任。因此，需要制定一套规范的管理制度，包括资源审核、资源发布、资源使用等方面的规定。这些规定可以确保资源的合法性和安全性，同时规范用户的行为和责任。还需要建立一套严格的审核机制，对资源进行严格的审核和筛选。这些审核人员可以对资源的合法性和安全性进行严格的审核和检查，确保资源的合法性和安全性。

3. 加强资源的保护和保密

在媒体数字化时代，加强资源的保护和保密是促进资源共享的重要措施之一。通过加强资源的保护和保密可以确保资源的版权和安全性，同时避免因资源泄露造成的损失和纠纷。因此，需要加强对资源的保护和保密工作。例如对资源进行加密处理、设置访问权限等措施,确保资源的版权和安全性。同时,还需要建立一套完善的版权管理制度,对资源的版权进行明确的划分和管理。这些可以通过建立版权数据库、版权授权协议的方式实现。

4.建立合理的激励机制

在媒体数字化时代,建立合理的激励机制是促进资源共享的重要手段之一。通过建立激励机制可以激发用户的参与热情,提高资源的贡献度,同时增强用户的归属感和忠诚度。因此,应当建立一套完善的奖励机制,对用户进行奖励和激励。例如,可以通过积分系统、勋章奖励等方式激励用户参与和贡献资源;可以通过定期举办线下活动、提供在线咨询服务等方式增强用户的归属感和忠诚度。组织架构在媒体数字化时代对促进社区教育资源共享具有重要意义。通过建立专业的团队,制定规范的管理制度,加强资源的保护和保密,建立合理的激励机制等,可以实现资源共享的最大化效果,同时提高用户的参与度和忠诚度,为社区教育的发展提供有力的支持。

(五)媒体数字化时代社区教育资源共享的保障和激励

在媒体数字化时代,要促进社区教育资源共享需要建立完善的保障和激励机制。

1.媒体数字化时代社区教育资源共享的现状

随着互联网技术的不断发展,媒体数字化时代为社区教育资源共享提供了更加广阔的平台和机会。目前,许多社区都建立起了自己的教育资源共享平台,用户可以通过这些平台上传、下载和分享各种教育资源。这些资源包括课程资料、图书文献、音频视频等,涵盖了各个学科和领域。这些资源不仅丰富了社区教育的内涵,也提高了社区教育的质量和水平。

2.媒体数字化时代社区教育资源共享的问题及其原因

媒体数字化时代社区教育资源共享存在一些问题。例如，资源的质量和数量还有待提高，存在着一些资源重复上传、低质量资源等问题；资源的版权问题也经常出现，一些用户会上传未经授权的资源，给资源的版权方造成了一定的损失；用户的参与度和贡献度不够高，许多用户只是下载和浏览资源，而很少愿意上传分享自己的资源。这些问题的产生，主要有以下几个原因：①政策法规不完善。目前还没有针对社区教育资源共享的专门政策法规，无法有效地规范用户的行为和责任。②技术支持不足。一些社区教育资源共享平台的技术支持不够好，导致平台的稳定性和安全性无法得到保障，同时也无法提供更多的功能和资源。③资金支持不足。社区教育资源共享平台需要一定的资金支持，才能够维持平台的运营和发展。但是，许多社区无法提供足够的资金支持。④宣传和推广不足。一些社区教育资源共享平台的宣传和推广不足，导致用户群体比较有限，无法吸引更多的用户参与资源共享。⑤奖励和荣誉不足。一些社区教育资源共享平台缺乏有效的奖励和荣誉机制，无法激发用户的参与热情和提高资源的贡献度[①]。

3.媒体数字化时代社区教育资源共享的保障和激励策略

为了解决上述问题，我们可以采取以下一些有效的保障和激励策略。比如，制定相关的政策法规，在保障资源的版权和合法性的同时规范用户的行为和责任。提供技术支持。提供技术支持可以确保平台的稳定性和安全性，同时增加新的功能和资源。提供资金支持。提供资金支持可以为平台和用户提供经济上的保障，同时支持开展各种形式的活动。提供宣传和推广。提供宣传和推广可以扩大平台的影响力和用户群体，同时吸引更多的用户参与

---

① 陆今歌.社区教育数字化学习平台和资源库建设研究——以沈阳广播电视大学为例[J].科技经济导刊，2020，28(09):125—126.

第八章 媒体数字化时代社区教育的资源共享

资源共享。提供奖励和荣誉。提供奖励和荣誉可以激发用户的参与热情和提高资源的贡献度，同时增强用户的归属感和忠诚度

具体可以采取以下几种方式来提供奖励和荣誉：一是给予上传高质量资源的用户一定的积分或勋章；二是对经常上传分享资源的用户给予一定的荣誉称号；三是为优秀资源上传者提供一定的物质奖励，如优惠券礼品等；四是定期开展各种活动鼓励用户参与资源共享和分享，如举办线上线下的交流会经验分享会等。

在媒体数字化时代，促进社区教育资源共享需要建立完善的保障和激励机制。以上提到的保障和激励策略可以有效解决目前社区教育资源共享中存在的种种问题，提高用户的参与度和贡献度，推动社区教育资源共享的健康发展，同时也有利于构建学习型社会，促进全民素质的提高。

参考文献

[1] 朱步周. 传媒数字化下的媒体融合及全媒体传播 [J]. 中国地市报人，2021(11):99—100.

[2] 杨英俊. 数字化和融媒体背景下广播电视技术的发展趋势 [J]. 卫星电视与宽带多媒体，2022(01):110—112.

[3] 李华. 基于媒体融合的数字化媒介呈现样态趋势研究 [J]. 苏州市职业大学学报，2019（2）:42—44.

[4] 张竞文. 数字化时代的新媒体传播对大众阅读心理与阅读方式的影响 [J]. 教育现代化，2019，6(22):229—230.

[5] 陈雪晔. 数字化趋势下澳大利亚传媒的新媒体运营探索 [J]. 传媒，2018(2):3.

[6] 徐祥伍，黄晓瑜. 元宇宙视域下花山岩画品牌形象数字化开发与传承策略研究 [J]. 创意设计源，2022(5):6.

[7] 王松红，孙锋申. 虚拟仿真技术的应用 [J]. 电子技术与软件工程，2018(5):1.

[8] 黄海明，张瑞，章鑫源. 数字技术对非遗项目发展及传播的价值研究 [J]. 互联网周刊，2023(8):3.

[9] 吕国伟. 数字化非遗的传承内涵与设计应用 [J]. 丝网印刷，2023(3):5.

[10] 古须强. 广西传统戏剧类非遗项目的数字化保护和传承研究 [J]. 大众文艺：学术版，2022(21):3.

[11] 李天滢，王欣欣，赵仲意. 新媒体视域下河北省非遗数字化保护与传承策略研究——以非遗文创 APP 为例 [J]. 河北科技大

学学报：社会科学版，2022，22(3):7.

[12] 胡远慧. 新媒体语境下非物质文化遗产的数字化保护现状研究——以广东省音乐类非遗为例 [J]. 北方音乐，2019，39(11):3.

[13] 姚莉. 贵州侗族非物质文化遗产数字化保护现状调查研究 [J]. 贵州师范学院学报，2019，35(2):7.

[14] 安静. 浅谈新媒体时代影视艺术的数字化 [J]. 戏剧之家，2018(19):1.

[15] 江岩，翁志清，张文俊. 存储网络技术在数字化电影后期工业中的应用 [J]. 现代电影技术，2010(9):5.

[16] 李国瑛. 数字化技术于文创教育之应用现状与发展趋势 [J]. 文化创新比较研究，2021，5(16):4.

[17] 彭皋丽. 文化创意产业全球崛起的技术背景分析——数字化信息通信技术推动创意企业全球崛起 [J]. 文化产业导刊，2012(11):4.

[18] 刘洋. 文化创意产业背景下高校艺术设计专业人才培养模式创新研究 [J]. 大众文艺，2019(21)：236—237.

[19] 高唱. 浅析数字化时代传媒产业的发展趋势 [J]. 报刊荟萃（下），2018(10):1.

[20] 忻琪颖. 数字经济时代传媒产业的发展趋势探析——以新闻传媒业为例 [J]. 今传媒，2020，28(10):3.

[21] 黄小爽. 信息技术发展下的社区教育模式研究 [J]. 科学与信息化，2019(7):2.

[22] 李佳. 论网民媒介素养的提高 [J]. 传播力研究，2019(18):2.

[23] 宋茜茜. 浅析网络舆论监督及应对策略 [J]. 中国报业，2021.

[24] 肖鹏展. 数字化媒体下非物质文化遗产传承与传播 [J]. 新闻传播，2022(6):13—15.

[25] 张超. 数字化和融媒体背景下广播电视技术的发展趋势 [J]. 卫

星电视与宽带多媒体，2021(8):2.
[26] 余福.数字化时代新媒体如何传播城市品牌[J].中国报业，2021(21):2.
[27] 魏巧俐.数字化时代广告传播的媒体创意策略[J].东南传播，2012(2):3.
[28] 陈晓东，呼晋先，贾宁.品牌形象数字化设计与价值维度[J].中国市场，2017(4):3.
[29] 赵铂.数字时代品牌形象数字化设计表达探讨[J].鞋类工艺与设计，2022,2(17):41—43.
[30] 门慧."技术+文化"新闻传播数字化转型模式分析[J].传播力研究，2022,6(24):52—54.
[31] 郑岩.新媒体环境下虚拟技术与艺术的交互式研究[D].吉林：东北电力大学，2019.
[32] 董奕.数字化时代下影像对非物质文化遗产的保护与传播[J].大众文艺：学术版，2022(17):3.
[33] 王巧凤，马振龙.非遗传承中的数字技术应用与新媒体传播[J].艺术与设计：理论版，2022(12):3.
[34] 宋思佳.非物质文化遗产的数字化保护与传承[J].中文科技期刊数据库(全文版)社会科学，2023(4):4.
[35] 郑久良.新媒体语境下非遗"文化记忆"建构路径初探——以宣纸文化遗产数字化为例[J].常州工学院学报：社会科学版，2021,39(1):6.
[36] 张艮山刘旭宁陈枫.新媒体时代石家庄非物质文化遗产数字化继承和推广策略探究[J].文化产业，2022(28):141—143.
[37] 郝辉辉.新媒体时代下非物质文化遗产的数字化发展创新研究[J].福建茶叶，2020,42(3):2.
[38] 刘蕾.数字化背景下新媒介素养理论框架构建的探究[J].教育传播与技术，2021(4):6.